하얀 날

아르세니 따르꼽스끼 지음
김선명 옮김

하얀 날

초판인쇄_ 2011년 07월 20일
초판발행_ 2011년 07월 20일

지은이_ 아르세니 알렉산드로비치 따르꼽스끼
옮긴이_ 김선명

펴낸이_ 김선명
편 집_ 고유인
펴낸곳_ 뿌쉬낀하우스
주소_ 서울시 중구 신당동 429-13 리오베빌딩 3층
전화_ 02)2237-9387
팩스_ 02)2238-9388
이메일_ pushkinbook@naver.com
홈페이지_ www.pushkinhouse.co.kr

출판등록_ 2004년 3월 1일 제 2004-0004호
ISBN 978-89-92272-27-8 03040

Copyright ⓒ Marina Tarkovskaya

Published by Pushkinhouse. Printed in Korea.
Korean Translation Copyright ⓒ 2011 by Pushkinhouse

이 책의 한국어판 저작권은 저작권자인 마리나 따르꼽스까야와 독점 계약한
뿌쉬낀하우스에 있습니다.

* 저작권법에 의해 보호를 받는 저작물이므로 무단 전재와 무단 복제를 금합니다.

하얀 날

아르세니 따르꼽스끼 지음

김선명 옮김

도서출판 뿌쉬낀하우스

그때보다 더 행복한 적은 없었네
Никогда не был счастливей, чем тогда

- 010 《누구는 말을...》《Кто слов называет...》
- 014 《난 열 살이었다...》《Мне было десять лет...》
- 018 요람 КОЛЫБЕЛЬ
- 022 도시의 정원 ГОРОДСКОЙ САД
- 024 《이보다 내게 더 소중한 것은...》
  《Ничего на свете нет...》
- 026 이그나찌예보 숲 ИГНАТЬЕВСКИЙ ЛЕС
- 028 《나는 담요를 걷어차고...》
  《Я сбросил ворох одеял...》
- 030 젊은 시절 МОЛОДОСТИ
- 034 《어제 나는 아침부터...》《С утра я тебя...》
- 036 하얀 날 БЕЛЫЙ ДЕНЬ
- 038 《배들이 간다...》《Идет кораблей станица...》
- 040 《마지막 유산...》《Позднее наследство...》
- 042 첫 만남 ПЕРВЫЕ СВИДАНИЯ
- 048 《내 어린 시절에...》《Я в детстве заболел...》
- 052 《아직도 귓가엔...》《Еще в ушах...》

십자가에 못 박힌 예수처럼
Как Иисус, распятый на кресте

- 058 가을 ОСЕНЬ
- 060 나팔수는 마시고 싶다 ТРУБАЧ ХОЧЕТ ПИТЬ
- 064 《네 겨울 같은 냉랭함으로...》
  《Я руки свои отморозил...》
- 066 책에 쓴 서명 НАДПИСЬ НА КНИГЕ
- 068 연못 ПРУД
- 072 《어리석은 나의 꿈이여...》《Глупый мой сон... 》
- 076 《나는 풀을 공부했고...》《Я учился траве...》
- 080 배우 АКТЕР
- 082 잔다르크의 나무 ДЕРЕВО ЖАННЫ
- 086 《십자가에 못박힌 예수처럼...》
  《Как Иисус, распятый на кресте...》
- 088 축음기의 레코드
  ГРАМОФОННАЯ ПЛАСТИНКА
- 092 시인 ПОЭТ
- 098 《여름은 다 갔구나...》《Вот и лето прошло...》
- 100 《나는 유일한 기적을...》《И я ниоткуда...》
- 102 《무덤들이 마치 곱사등이처럼...》
  《Где целовали степь курганы...》
- 106 《눈이 어둡다...》《Меркнет зрение...》

지난 날의 껍데기와 작별하련다
И прощаюсь я с кожей вчерашнего дня

- 110 《천천히 준비를 할 것이다...》 《Соберемся понемногу...》
- 112 《여섯 명을 위한...》 《Стол накрыт на шестерых...》
- 116 《난 나쁜 것도, 좋은 것도...》 《Я много знал...》
- 118 광장 위 비둘기들 ГОЛУБИ НА ПЛОЩАДИ
- 120 《상처 입은 내 도시...》 《Мой город в ранах...》
- 122 《나는 과거의 나와...》 《Я прощаюсь со всем...》
- 126 에우리디케 ЕВРИДИКА
- 130 삶, 삶 ЖИЗНЬ, ЖИЗНЬ
- 134 아킬레스의 복수 МЩЕНИЕ АХИЛЛА
- 138 《새와 잠자리의 어머니...》 《Мамка птичья и стрекозья...》
- 140 《산다는 것은 숲 속을 거니는 것과 같다...》
   《Живешь, как по лесу идешь...》
- 142 숲 속의 겨울 ЗИМА В ЛЕСУ
- 146 《나는 그림자 중의 그림자...》 《Я тень из тех теней...》
- 148 《이것을 꿈에서 보았다...》 《И это снилось мне...》
- 150 《빛의 얼룩 속에서...》 《В пятнах света...》
- 152 세상 한가운데에 ПОСРЕДИНЕ МИРА

내게 물을 다오, 단 한 방울이라도
Дай мне воды, хоть глоток

- 156 《아첨꾼, 협잡꾼...》《Мне стыдно...》
- 158 《사람들이 네가...》《Когда тебе скажут...》
- 160 《독일 군사가 길에서...》《Немецкий автоматчик...》
- 162 《만일 당신이 오늘...》《Если б ты написала...》
- 166 《추수하지 않은 논밭 위로...》
  《На полоски несжатого хлеба...》
- 168 《여기 서지마...》《Не стой тут...》
- 170 밤의 벨소리 НОЧНОЙ ЗВОНОК
- 174 이반의 버드나무 ИВАНОВА ИВА
- 176 《그때는 아직...》《Тогда еще не воевали...》
- 178 1914년 1914

- 180 역자 주
- 182 역자 후기
- 184 시인 연보

그때보다 더 행복한 적은 없었네

Никогда не был счастливей, чем тогда

아르세니 따르꼽스께의 시 세계는 과거에 대한 아련한 추억으로 가득 차있다. 그는 시 속에서 자신의 과거를 반영하며, 지난 삶을 성찰한다. 그의 과거와 기억에 대한 이미지들은 아들 안드레이 따르꼽스께의 영화 속에서도 두드러지게 나타나며, 특히 영화 〈거울〉에서 아버지와 아들의 과거와 현재는 아름답게 직조된다.

* * *

Кто слов называет
Своим путем земным,
Кто руки согревает
Дыханием своим,
Кто имя призывает
И падает пред ним, -

Кто плакал, как подросток,
Простынки теребя, -
Кто сердца не услышал
И, потеряв тебя,
На темный переулок
Ходил искать себя, -

Кто слушает дыханье
Ребенка своего.
Кто вышел на свиданье
Из дома своего.
Кто смотрит и в тумане
Не видит никого, -

* * *

누구는 말들을
지상의 길이라 명명하고,
누구는 손을
자신의 입김으로 데우고,
누구는 이름을 부르며
그 앞에 엎드린다.

누구는 손수건을 만지작거리며
사춘기 소년처럼 울었고,
누구는 마음에 귀 기울이지 않았고,
당신을 잃은 후 비로소
자신을 찾기 위해
어두운 골목을 헤매었다.

누구는 자기 아이의
숨소리를 듣는다.
누구는 밀회를 위해
밖으로 나온다.
누구는 안개 속에서도 보려 하지만
아무도 보지 못한다.

Он дальний город видит,
Друзей не узнает,
И слово ненавидит,
И песен не поет, -
Он светлый воздух видит,
В далекий путь идет.

Любимая забыла
Сказать ему: прости, -
Заснул ребенок милый,
Не говорит: прости, -
Отцовская могила
Встает в конце пути.

Он голову склоняет:
Земля моя жива!
И ветерок летает:
Земля моя жива!
У самых губ играет
Холодная трава.

-1931

그는 멀리 도시를 본다.
친구들을 알아보지 못하고,
말을 증오하며,
노래를 부르지 않는다.
그는 찬란한 하늘을 보며
먼 길을 떠날 뿐.

사랑하는 여인은
그에게 말하는 것을 잊었다: 용서해요.
사랑스런 아기는 잠들었지만
이렇게 말하지는 않는다: 용서해다오.
아버지의 무덤은
길 저 끝에 있단다.

그는 고개를 떨군다.
나의 땅은 살아있다!
그리고 바람이 한 점 날아다닌다.
나의 땅은 살아있다!
차가운 풀잎이
내 입술을 간지럽힌다.

-1931

* * *

Мне было десять лет, когда песок
Пришел в мой город на краю вселенной
И вечной тягой мне на веки лег,
Как солнце над сожженною Сиеной.

Река скрывалась в городе степном,
Поближе к чашке старика слепого,
К зрачку, запорошенному песком,
И пятиродной дудке тростниковой.

Я долго жил и понял наконец,
Что если детство до сих пор нетленно,
То на мосту еще дудит игрец
В дуду, как солнце на краю вселенной.

Вот я смотрю из памяти моей,
И пальцем я приподнимаю веко:
Есть память – охранительница дней
И память – предводительница века.

Во все пять ртов поет его дуда,

* * *

난 열 살이었다. 모래가
우주의 끝에 있는 나의 도시로 와서
내 눈꺼풀 위 영원한 중력으로 내려앉았다.
마치 불타버린 도시 시에나 위의 태양처럼.

강은 초원의 도시에 몸을 숨겼고,
눈 먼 노인의 잔으로,
모래가 들어가 눈 먼 그의 눈동자로,
그리고 5년생 갈대 피리로 더 가까이 다가갔다.

나는 오래도록 살았고 결국 깨달았다.
만약 어린 시절이 지금까지 사라지지 않았다면
악사는 다리 위에서 아직도 갈대 피리를 불고 있겠지,
마치 우주의 끝에 있는 태양처럼.

난 내 기억으로부터 이것을 꺼낸다.
그리고 손가락으로 눈꺼풀을 들어 올린다.
거기엔 기억 – 세월을 보관하는 기억,
기억 – 시간을 움직이는 기억이 있다.

그의 피리는 다섯 개의 입을 열어 큰 소리로 노래를 한다.

Я горло вытяну, а ей отвечу!
И не песок пришел к нам в те года,
А вышел я песку навстречу.

-1932

나는 목을 길게 늘여 그 소리에 대답할 것이다!
그때 우리에게로 왔던 그 모래는 아니지만
나는 모래를 마중하러 나간다.

-1932

КОЛЫБЕЛЬ

Андрею Т.

Она:

Что всю ночь не спишь, прохожий,
Что бредешь - не добредешь,
Говоришь одно и то же,
Спать ребенку не даешь?
Кто тебя еще услышит?
Что тебе делить со мной?
Он, как белый голубь, дышит
В колыбели лубяной.

Он:

Вечер приходит, поля голубеют, земля сиротеет,
Кто мне поможет воды зачерпнуть из криницы
                                    глубокой?
Нет, у меня ничего, я все растерял по дороге;
День провожаю. Звезду встречаю. Дай мне напиться.

요람

안드레이 따르꼽스끼에게

그 녀
방랑자여,
왜 밤새도록 잠자지 않나요?
왜 목적 없이 거닐고 또 거니나요?
왜 같은 이야기를 되풀이하며
아기가 잠드는 것을 방해하시나요?
누가 당신 말을 더 들을까요?
나와 무엇을 공유하려 하나요?
흰 비둘기같은 아기
나무 요람에서 쌔근대고 있습니다.

그
밤이 찾아들어 들판은 회청색,
땅은 고아처럼 고독하구려.
누가 내게 깊은 우물에서
물을 퍼올려 줄 수 있으리?
내게는 아무 것도 없소,
난 길에서 모든 것을 잃었소.
낮을 배웅하며, 별을 마중하는
내게 실컷 물을 주오.

Она:

Где криница - там водица,
А криница на пути
Не могу я дать напиться,
От ребенка отойти.
Вот он веки опускает,
И вечерний млечный хмель
Обивает, омывает
И качает колыбель.

Он:

Дверь отвори мне, выйди, возьми у меня что хочешь
-Свет вечерний, ковш кленовый, траву подорожник...

-1933

그 녀
우물이 있는 곳에 물이 있습니다.
하지만 우물은 길가에,
난 당신에게 물을 줄 수 없습니다.
아기를 두고 갈 수는 없으니까요.
보세요, 아기의 눈꺼풀이 감기고 있군요.
흐르는 듯한 저녁 공기가
요람을 도닥이며 감싸안아
흔들고 있습니다.

그
내게 문을 열어주오,
나와서 원하는 것을
내게서 가져가주오.
저녁 햇살을,
단풍나무 바가지를,
질경이를...

-1933

ГОРОДСКОЙ САД

Цветут косоротые розы,
Над ними летают жуки
И грубые жесткие крылья
На них, как ладони, кладут.
И я не по прежним приметам
Владенья твои узнаю,
А все озаряется светом,
Продолжающим стебли травы.
Цветут на свету перед всеми,
Они захлебнулись в росе, -
Я встречи боюсь, - помоги мне
В зажженном твоем цветнике!
Звенит тетива золотая:
Не касаясь травы и цветов,
Ты идешь с открытыми глазами
И держишь стрелы в руке.

-1933

도시의 정원

입술이 비뚤어진 듯 여러겹 꽃잎의 장미가 피어납니다.
그 위로 딱정벌레가 날아다니고,
거칠고 딱딱한 날개를
손바닥 같은 장미 위에서 접습니다.
나는 옛 기억을 더듬지 않아도
누가 주인인지 알 수 있습니다.
모든 것은 빛으로,
풀의 줄기까지 비추는 빛으로 붉게 타오르는군요.
모두가 볼 수 있는 곳에서, 그 빛 속에서
그들은 이슬을 흠뻑 머금고 있습니다.
나는 만남이 두렵습니다.
당신의 불타오르는 정원에서 나를 도와주세요!
금빛 활시위 소리가 나는 듯합니다.
풀과 꽃을 건드리지 않고 날아서
뜬 눈으로 오세요.
손에 활을 쥐고...

-1933

* * *

Ничего на свете нет,
Что бы стало мне родней,
Чем летучий детский бред
На пороге светлых дней.

У меня звенит в ушах,
Мир летит, но мне слышней
Слабый шелест, легкий шаг,
Голос тишины моей.

Я входил в стеклянный дом
С белой бабочкой в руке,
Говорил я на чужом,
Непонятном языке.

Бабочка лежит в снегу,
Память бедную томит,
Вспомнить слова не могу,
Только звон в ушах стоит.

-1933

* * *

이보다 내게 더 소중한 것은
이 세상에 없으리.
눈부신 날 문지방에 앉아
부유하는 어린 시절의 몽상이여!

내 귓가엔 종이 울린다.
평화가 드리운다. 내 귀에 들리는 건
조그마한 사각임, 가벼운 발자욱 소리,
내 정적의 목소리.

나는 손에 하얀 나비를 얹고
유리로 만든 집으로 들어갔다.
그리고 낯설고
이해할 수 없는 언어로 말했다.

나비는 눈 위에 누워서
불행한 기억을 괴롭힌다.
난 한마디 말도 기억할 수 없다.
내 귓가엔 오직 종소리뿐.

-1933

ИГНАТЬЕВСКИЙ ЛЕС

Последних листьев жар сплошным самосожженьем
Восходит на небо, и на пути твоем
Весь этот лес живет таким же раздраженьем,
Каким последний год и мы с тобой живем.

В заплаканных глазах отражена дорога,
Как в пойме сумрачной, кусты отражены.
Не привередничай, не угрожай, не трогай,
Не задевай лесной наволгшей тишины.

Ты можешь услыхать дыханье старой жизни:
Осклизлые грибы в сырой траве растут,
До самых сердцевин их проточили слизни,
А кожу все-таки щекочет влажный зуд.

Все наше прошлое похоже на угрозу -
Смотри, сейчас вернусь, гляди, убью сейчас!
А небо ежится и держит клен, как розу,-
Пусть жжет еще сильней! - почти у самых глаз.

-1935~1938

이그나찌예보 숲

마지막 잎새들을 태우는 열기가
하늘로 치솟습니다. 그리고 당신의 길목엔
이 숲 전체가 떨림으로 살고 있습니다.
우리가 함께 했던 마지막 날들의 그 떨림으로.

눈물 고인 눈 속엔 길이 반사됩니다
어두운 침수지에 작은 나무들이 반사되듯이 그렇게.
변덕부리지 말아요, 위협하지 말아요, 그냥 내버려둬요,
이 안개 속의 정적을 깨뜨리지 말아요.

당신은 들리나요, 우리 과거의 행복한 호흡이.
축축한 풀들 사이로 자라나는 버섯들의 끈적임,
그 중심까지 벌레들이 좀먹고 있지만
음습한 열망은 버섯의 껍질을 간질이고 있습니다.

우리의 모든 과거는 위협과 같은 것.
보세요, 나는 지금 돌아갈 것이고, 당신을 죽이게 될런지도!
하늘은 몸을 웅크리고, 장미처럼 붉은 단풍을 움켜쥡니다.
더 강하게 타오르도록 내버려 두세요!
바로 내 눈이 불타오르듯이.

-1935~1938

* * *

Я сбросил ворох одеял,
Вскочил – и счастье потерял,

Я перерыл домашний хлам,
Я долго шарил по углам,

Я видел комнату твою,
Где почему-то я стою,

Где почему-то я живу,
Откуда я тебя зову.

А счастье вьется стрекозой,
И проливается слезой,
И, тронув купол голубой –
Твою родную колыбель, -

Оно не здесь, оно с тобой,
Оно – за тридевять земель,
А ты уехала туда,
Где говорит с тобой одна
Твоя солёная волна,
Твоя зелёная слюда.

-1938

* * *

나는 담요를 걷어차고
뛰쳐나갔다. 그리고 행복을 잃어 버렸다.

나는 집의 잡동사니를 파헤쳤고,
나는 오래도록 구석구석을 찾아 다녔다.

난 당신의 방을 보았다.
이유 없이 내가 서있는 곳.

이유 없이 내가 살고 있는 곳.
내가 당신을 부르는 그 곳.

행복은 잠자리처럼 선회하며 날아 오르고,
파란 색 둥근 지붕
당신의 옛 요람을 감촉한 후,
눈물처럼 흘러 내린다.

행복은 여기 없다, 행복은 당신과 함께 있다.
행복은 멀리 있다.
당신은 거기로 떠났다.
당신의 소금기 어린 파도가,
당신의 초록색 돌이
당신과 홀로 이야기한 곳으로.

-1938

МОЛОДОСТИ

Прости меня. Я виноват в разлуке.
Настанет время – ревность отгорит, -
Я протяну еще живые руки,
А что найду? Уже родной гранит.

Я жизнь построил, сердце успокоил,
И для тебя расставил зеркала,
И там живу. Зачем я жизнь построил?
Родной гранит моя рука нашла.

Пока еще в твоих глазах кипела
Вся жизнь моя, пока я строил дом
Во имя долга и во имя дела,
Ты в эти дни жила со мной вдвоем.

Ты спорщицей была нетерпеливой,
И было мне с тобою тяжело.
Не приходи: теперь со мною диво,
Теперь со мной зеркальное стекло.

젊은 시절

나를 용서해 주오, 우리의 이별에는 내게 잘못이 있소.
질투가 모두 타버리는 시간이 올 것이며,
나는 다시 한 번 살아 있는 손을 내밀겠지.
하지만 내가 무엇을 찾을 것인가?
이미 소중한 돌이 여기 있는데.

나는 삶이라는 집을 지었고, 평정을 되찾아
당신을 위해 거울을 세워 놓았지.
그 속에 내가 살고 있소.
나는 무엇을 위해 삶이라는 집을 지었는가?
나의 손이 이미 소중한 돌을 찾았는데.

당신의 눈동자 속에 아직 내 모든 삶이
불타오르고 있는 동안, 내가 의무라는 명분으로
일이라는 명분으로 삶이라는 집을 짓는 동안,
당신은 그 나날들을 나와 함께 살았소.

하지만 당신은 참을성 없는 논쟁자였소.
당신과의 삶이 내게는 힘들었소.
그러나 가지 마오! 지금 내게는 놀라운 물건이 있소.
지금 내게는 거울이 있소.

И мнится мне, что жизнь моя двоится,
Что я с тобою в зеркале моем,
Пока тебя моя рука стыдится
И в темный час ощупывает дом.

Дом – как лицо с бездушными глазами,
Родной гранит, - и я вхожу туда,
Где нет тебя, где в зеркале, как в яме,
Бессонный лик напрасного труда.

-1938

나의 손이 당신을 사양하고
어두운 시간에 집을 만져보고 있는 동안,
내 삶이 분열되는 것을 느끼고 있소.
난 당신과 내 거울 속에 있음을 느끼고 있소.

집 - 영혼 없는 눈을 가진 얼굴 같은,
소중한 돌 - 난 거기로 들어가오.
당신이 없는 곳, 웅덩이 같은 거울 속
무익한 창작의 불면의 얼굴이 있는 그 곳으로.

-1938

* * *

С утра я тебя дожидался вчера,
Они догадались, что ты не придешь,
Ты помнишь, какая погода была?
Как в праздник! И я выходил без пальто.

Сегодня пришла, и устроили нам
Какой-то особенно пасмурный день,
И дождь, и особенно поздний час,
И капли бегут по холодным ветвям.

Ни словом унять, ни платком утереть...

-1941

* * *

어제 나는 아침부터 당신을 기다렸소.
그들은 알아챘지, 당신이 오지 않으리라는 것을.
당신은 어제의 날씨를 기억할런지..
휴일처럼 화창한 날이었소!
난 외투도 없이 나갔었지.

오늘에야 당신은 왔구려.
하지만 우리를 맞이한 건 참으로 음울한 날.
비도 내리고, 참으로 늦은 시각이었지.
빗방울은 차가운 나뭇가지를 따라 흐르는데.

말로 위로할 수도,
손수건으로 닦아낼 수도 없이...

-1941

БЕЛЫЙ ДЕНЬ

Камень лежит у жасмина.
Под этим камнем клад.
Отец стоит на дорожке.
Белый-белый день.

В цвету серебристый тополь,
Центифолия, а за ней -
Вьющиеся розы,
Молочная трава.

Никогда я не был
Счастливей, чем тогда.
Никогда я не был
Счастливей, чем тогда.

Вернуться туда невозможно
И рассказать нельзя,
Как был переполнен блаженством
Этот райский сад.

-1942

하얀 날

돌은 쟈스민 옆에,
이 돌 아래에는 보물.
아버지는 오솔길에 서 계신다.
하얗고 하얀 날.

은빛 포플라는 꽃을 피우고,
겹꽃잎 장미 뒤에는
장미의 덩굴,
우유빛 풀.

그때보다
더 행복한 적은 없었네.
그때보다
더 행복한 적은 없었네.

거기로 돌아갈 수가 없구나.
그 천국의 정원이
얼마나 행복으로 가득 찼었는지
이야기할 수가 없구나.

-1942

* * *

Идет кораблей станица,
Просторна моя дорога,
Заря моя, Заряница,
Шатры Золотого Рога!

И плакалось нам, и пелось, -
Доплыли до середины –
Куда мое море делось,
Где парус мой лебединый?

Довольно! В пучине южной
Тони, заморское диво!
Что темному сердцу нужно
От памяти неправдивой?

-1946

* * *

배들이 간다.
나의 길은 광활하다.
나의 새벽 놀이여, 노을이여,
황금빛 물결의 출렁임이여!

우리는 눈물 흘렸고, 노래도 했다.
배를 타고 한가운데로 노 저어 간다 -
나의 바다는 어디로 갔는가,
내 백조처럼 흰 돛은 어디에 있는가?

이젠 충분하리!
남쪽 심해에 가라앉으라, 이국의 기적이여!
어두운 마음에
진실하지 않은 기억으로부터 무엇이 필요하리?

-1946

* * *

Позднее наследство,
Призрак, звук пустой,
Ложный слепок детства,
Бедный город мой.

Тяготит мне плечи
Бремя стольких лет.
Смысла в этой встрече
На поверку нет.

Здесь теперь другое
Небо за окном -
Дымно-голубое,
С белым голубком.

Резко, слишком резко,
Издали видна,
Рдеет занавеска
В прорези окна,

И, не уставая,
Смотрит мне вослед
Маска восковая
Стародавних лет.

-1955

* * *

마지막 유산,
환영, 공허한 울림,
어린 시절의 거짓 모습,
가엾은 나의 도시.

수 년의 짐이
내 어깨를 누른다.
이 조우가
무슨 의미가 있을까.

지금 여기 창밖에는
또 다른 하늘-
흰 비둘기와
자욱한 담청빛 하늘.

강렬하게, 너무나도 강렬하게
저멀리 보인다.
창문 사이로
붉어진 커튼이.

그리고 지치지도 않은 채
아주 오래된
밀랍의 가면이
뒤에서 나를 배웅한다.

-1955

ПЕРВЫЕ СВИДАНИЯ

Свиданий наших каждое мгновенье,
Мы праздновали, как богоявленье,
Один на целом свете, Ты была
Смелей и легче птичьего крыла,
По лестнице, как головокруженье,
Через ступень сбегала и вела
Сквозь влажную сирень в свои владенья
С той стороны зеркального стекла.

Когда настала ночь, была мне милость
Дарована, алтарные врата
Отворены, и в темноте светилась
И медленно клонилась нагота,
И, просыпаясь: <Будь благословенна!>
Я говорил и знал, что дерзновенно
Мое благословенье: ты спала,
И тронуть веки синевой вселенной
К тебе сирень тянулась со стола,
И синевою тронутые веки
Спокойны были, и рука тепла.

첫 만남

우리 만남의 모든 순간을
우리는 신이 임하신 듯 기쁘게 맞이했지.
이 세상에 나는 홀로였고, 당신은
새의 날개보다 더 담대하고 가벼웠소.
당신은 현기증 나는 계단을 따라
촉촉히 젖은 라일락 나무를 지나
거울 저편 자신의 왕국으로
나를 이끌었지.

밤이 찾아왔을 때 내게 은총이 내렸소.
성전의 문이 열렸고,
나신裸身이 어둠 속에서 빛을 발하며,
아스라이 내게로 왔지.
<신이여, 축복하소서!>,
나는 잠에서 깨어나면서 말했고,
나 축복의 말이 불손했음을 알았소.
당신은 잠들었고, 라일락은 우주의 푸르름으로
당신의 눈꺼풀 위에 맞닿으려 탁자에서 몸을 기울였고,
푸르름과 맞닿은 당신의 눈꺼풀은
평온했으며, 손은 따뜻했지.

А в хрустале пульсировали реки,
Дымились горы, брезжили моря,
И ты держала сферу на ладони
Хрустальную, и ты спала на троне,
И - боже правый! - ты была моя.
Ты пробудилась и преобразила
Вседневный человеческий словарь,
И речь по горло полнозвучной силой
Наполнилась, и слово ты раскрыло
Свой новый смысл и означало: царь.

На свете все преобразилось, даже
Простые вещи - таз, кувшин, - когда
Стояла между нами, как на страже,
Слоистая и твердая вода.

Нас повело неведомо куда.
Пред нами расступались, как миражи,
Построенные чудом города,
Сама ложилась мята нам под ноги,
И птицам с нами было по дороге,
И рыбы подымались по реке,
И небо развернулось пред глазами...

수정 속에서 강물이 고동쳤고,
산들은 안개를 품었으며, 바다는 아른거렸소.
당신은 수정 구슬을
손에 쥔 채, 왕좌에서 잠들어 있었지.
- 오, 신이시여! - 당신은 나의 것이었소.
당신은 깨어났고, 당신은
일상적 인간의 어휘를 변화시켰지.
목에서 나오는 말은 충만한 힘으로
가득 차게 되었소. 이제 '당신'이란 단어는
새로운 의미를 얻게 되었지. 바로 '짜르'라는 의미를.

우리 사이에 보초를 서 듯
층을 이룬 딱딱한 물이 서 있을 때에,
세상의 모든 것은 변화되었소.
심지어 양동이, 항아리 같은 평범한 사물들까지.

그것이 우리를, 알지 못하는 어디론가 이끌었소.
기적으로 세워진 도시들이
우리 앞에서 신기루처럼 길을 터 주었고,
박하풀들이 우리의 발 밑에 펼쳐졌지.
새들이 우리와 동행했고,
물고기들도 강을 따라 솟아올랐고,
하늘도 눈 앞에 펼쳐졌지....

Когда судьба по следу шла за нами,
Как сумасшедший с бритвою в руке.

-1962

그때, 마치 손에 면도칼을 든 미치광이처럼
운명이 우리의 흔적을 좇아 뒤따라 왔다오.

-1962

* * *

                                 Я в детстве заболел
От голода и страха, корку с губ
Сдеру - и губы облизну; запомнил
Прохладный и солоноватый вкус.
все иду, а все иду, иду,
Сижу на лестнице в парадном, греюсь,
Иду себе в бреду, как под дуду
За крысоловом в реку, сяду - греюсь
На лестнице; и так знобит и эдак.
А мать стоит, рукою манит, будто
Невдалеке, а подойти нельзя:
Чуть подойду - стоит в семи шагах,
Рукою манит; подойду - стоит
В семи шагах, рукою манит.
                                      жарко
Мне стало, расстегнул я ворот, лег,-
Тут затрубили трубы, свет по веткам
Ударил, кони поскакали, мать

* * *

　　　　　　　　　　　　　　　내 어린 시절에
두려움과 굶주림으로 앓아 누웠었지.
난 메마른 입술을 물어 뜯고, 또 핥았지.
그 차갑고 짠 맛을 기억해 냈다.
걷고, 또 걷고 - 계속 걷는다.
현관 계단에 앉아 몸을 녹이고
쥐들이 마법의 피리 소리를 따라 강물로 들어가듯
열병의 아른함 속으로 잦아든다.
계단에 앉아 몸을 녹이지만
몸은 그렇게 얼어 붙는다.
그때 어머니가 서서 손짓을 하신다.
마치 곁에 계신 것처럼,
그러나 다가갈 수는 없다.
내가 거의 다가가면 - 어머니는 일곱 발자국 뒤에 서 계신다.
어머니는 손짓하신다. 내가 다가가면
어머니는 다시 일곱 발자국 뒤에서 손짓하신다.
　　　　　　　　　　　　　　　　　덥다.
난 단추를 풀고 누웠다.
여기 나팔 소리가 울려 퍼졌고
햇볕은 눈부시게 내 눈꺼풀을 따라 흘렀으며,
말들은 달렸다.

Над мостовой летит, рукою манит -
И улетела...

               И теперь мне снится
Под яблонями белая больница,
И белая под горлом простыня,
И белый доктор смотрит на меня,
И белая в ногах стоит сестрица
И крыльями поводит. И остались.
А мать пришла, рукою поманила -
И улетела...

-1966

어머니는 다리 위로 날아 다니며
내게 손짓하신다.
그리고 날아가 버리셨다...
　　　　　　　지금 난 꿈을 꾼다.
사과나무 아래에 하얀 병원
목까지 덮어 씌워진 하얀 시트,
하얀 의사는 나를 바라보고,
발치에 하얀 간호원이 서서
날개로 나를 어루만진다. 그렇게 남겨졌다.
어머니는 다시 오셔서 손을 흔들고는
날아가 버리셨다...

-1966

* * *

Еще в ушах стоит и звон и гром,
У, как трезвонил вагоновожатый!

Туда ходил трамвай, и там была
Неспешная и мелкая река,
Вся в камыше и ряске.

         Я и Валя
Сидим верхом на пушках у ворот
В Казенный сад, где двухсотлетний дуб,
Мороженщики, будка с лимонадом
И в синей раковине музыканты.

Июнь сияет над Казенным садом.

Труба бубнит, бьют в барабан, и флейта
Свистит, но слышно, как из-под подушки -
В полбарабана, в полтрубы, в полфлейты
И в четверть сна, в одну восьмую жизни.

* * *

아직도 귓가엔 종소리도, 천둥 소리도 그대로 남아 있다.
전차 운전수가 얼마나 크게 경적을 울렸던지!

거기로 전차가 다녔다, 그리고 거기엔
잔잔히 흐르는 얕은 강이 있었다.
갈대 숲과 개구리밥 사이로.

나와 발랴는
공원의 성문 곁 대포 위에 앉아 있다.
거기엔 이백 살 먹은 참나무,
아이스크림 파는 아저씨들,
레모네이드 파는 거리 가판대,
그리고 파아란 천막 속에는 거리의 악사들.

유월은 공원 위에서 빛난다.

나팔 소리가 울리고, 북소리가 들린다.
피리가 휘파람을 분다. 베개 속으로부터 들리는 듯.
어렴풋한 북, 나팔, 피리 소리
꿈의 중간에서도, 삶의 중간에서도.

Мы оба (в летних шляпах на резинке,
В сандалиях, в матросках с якорями)
Еще не знаем, кто из нас в живых
Останется, кого из нас убьют.
О судьбах наших нет еще и речи,
Нас дома ждет парное молоко,
И бабочки садятся нам на плечи,
И ласточки летают высоко.

-1976

우리 둘은(여름 모자를 쓰고,
샌들을 신고, 닻이 그려진 셔츠를 입은 채)
아직도 모른다. 우리 중 누가 살게
될지, 우리 중 누가 죽게 될지,
우리의 운명에 대해 아직 말할 수 없다.
집에서는 방금 짠 따뜻한 우유가 우리를 기다리고 있는데,
나비는 우리의 어깨에 앉아 있다.
제비는 저 높이로 날아오른다.

-1976

십자가에 못 박힌 예수처럼

Как Иисус, распятый на кресте

아르세니 따르꼽스께의 예술 세계는 궁극적으로 예술의 본질과 예술가의 사명에 관한 시인의 고뇌로 귀결된다. 시인의 존재 의미와 시인의 역할에 대해 성찰하는 그의 모습은 당대 모든 예술가들의 시대상으로 볼 수 있다. 진정한 예술가란 자신이 속한 사회를 기록해야 할 사명을 지니며, 그것이 요구하는 희생을 감수해야 할 순교자적 존재인 것이다. 이와 같은 예술가 의식은 뿌쉬낀에서 비롯된 러시아적 전통을 따르고 있으며, 아들 안드레이 따르꼽스께 역시 끊임없이 성찰하는 부분이다. 예술가의 임무와 그 본질이라는 테마는 아버지와 아들 모두의 화두였으며, 아르세니의 많은 시와 안드레이의 <안드레이 루블료프>를 비롯한 거의 모든 작품에서 그 예술가 의식은 잘 드러나고 있다.

ОСЕНЬ

Твое изумление, или твое
Зияние гласных – какая награда
За меркнущее бытие!

И сколько дыханья легкого дня
И сколько высокого непониманья
Таится в тебе для меня.

Не осень, а голоса слабый испуг,
Сияние гласных в открытом эфире –
Что лед, ускользнувший из рук...

-1928

가을

너의 놀라는 모습, 너의
모음의 빛, 명멸하는
존재에 대한 얼마나 큰 상인가!

얼마나 많은 가벼운 나날의 한숨,
얼마나 많은 고상한 몰이해가
나를 위해 네 속에 녹아 있는가.

너는 가을이 아니라 목소리의 나약한 경악,
열려진 하늘에서의 모음의 빛,
손에서는 미끄러져버린 얼음 한 조각.

-1928

ТРУБАЧ ХОЧЕТ ПИТЬ

Плывет, как жажда, с нотного листа
Оркестра шаровая пустота.
И ночью ощущает каждый
Бесплодный медный привкус на губах,
А к утру остается на бобах
И просыпается от жажды.

Он по привычке говорит: «Позволь
Мне рассказать, как оседает соль
На окнах прозеленью нищей,
Как будто эти чертовы бобы
У горла воспаленного трубы
Достойны называться пищей».

А та от жажды зазывает в ад.
Где мутные стаканы дребезжат,
Изъеденные мелкой медью.
Копается в объедках, а потом
С горячечным разбухшим мундштуком
Передается по наследью.

나팔수는 마시고 싶다

악보에서 나온 오케스트라의 둥근 공허가
열망처럼 부유하리.
밤엔 메마른 청동 여운이
입술 위에 느껴지지만,
아침이 되면 아무 것도 남아 있지 않고,
다만 열망으로 잠을 깰 뿐.

그는 습관처럼 말한다: <내가
이야기 해 주지. 어떻게 창가에
소금이 푸른빛으로 가라앉는지,
나팔의 열정에 불타는,
마치 목에 있는 이 악마들이
양식이라 불릴 가치가 있는 것처럼.>

열망에서 나온 나팔은 집요하게 지옥으로 초대한다.
청동 이끼로 못쓰게 된
혼탁한 컵들이 덜그럭 덜그럭 소리를 내는 곳으로.
남은 찌꺼기 속에서 뒤죽박죽 파헤쳐진다. 그런 다음
뜨겁고 습한 담뱃대와 함께
상속된다.

Дурак в карманах собирает лед,
В пустых карманах злобу бережет,
Пока ворочается глухо.
Все по утрам читает между строк,
Как будто слышит сиплый холодок
Живое розовое ухо.

-1930

바보는 둔탁하게 뒤척이는 동안
주머니 속에 얼음을 모으고,
빈 주머니 속에서 악을 지킨다.
아침마다 행간을 읽는다.
마치 살아 있는 핑크빛 귀가
거친 목소리의 차가움을 듣기라도 하는 듯이..

-1930

* * *

Я руки свои отморозил
На холоде зимнем твоем,
Я душу свою молодую
Убил непосильным трудом.

В натопленной комнате больно
Распухшим и грубым рукам, -
А все еще веришь невольно
Томительным, глупым стихам.

Во сне мне явился ребенок,
Обиженный мальчик пришел,
Игрушка из тонких ручонок
Упала на крашеный пол.

-1937

* * *

네 겨울 같은 냉랭함으로
내 손은 얼어 버렸어.
힘겨운 노동으로
내 젊은 영혼은 죽어 갔지.

따뜻한 방 안
부어오르고 거칠어진 내 손은 고통스러웠어.
그래도 견디기 힘든 어리석은 시들을
여전히 무심코 믿고 있었지.

꿈에 한 아이가 보였어.
상처 입은 아이는
고사리 손에서 장난감을
바닥에 던져버렸어.

-1937

НАДПИСЬ НА КНИГЕ

Покину я семью и теплый дом,
И седины я принял ранний иней,
И гласом вопиющего в пустыне
Мой каждый стих звучал в краю родном.

Как птица нищ и как Иков хром,
Я сам себе не изменил поныне,
И мой язык стал языком гордыни
И для других невнятным языком.

И собственного плача или смеха
Я слышу убывающее эхо,
И, Боже правый, разве я пою?

И разве так, все то, что было свято,
Я подарил бы вам, как жизнь свою?
А я горел, я жил и пел – когда-то.

-1946

책에 쓴 서명

나는 가족과 따뜻한 집을 버리고
때 이른 백발의 서리를 받아들였다.
그때 내 모든 싯구는 내 고향에서
사막에 울리는 목소리가 되었지.

난 새처럼 가난했고, 야곱처럼 다리를 절었어.
난 지금까지 나 자신을 배반한 적이 없었지.
그러나 내 언어는 오만의 언어가 되었어.
다른 사람들에겐 알아들을 수 없는 언어가 되었지.

난 나 자신의 울음과 웃음의
이지러지는 메아리를 듣고 있다.
오, 신이여! - 내가 진정 노래 부르는 것인가?

내가 진정 거룩한 모든 것을
내 삶을 바치듯 당신에게 바쳤을 것인가?
난 불탔고, 난 살았고, 난 노래했다. - 과거 언젠가...

-1946

ПРУД

Ровный белый небосвод,
И на зелени прибрежной
Белый сумрачный нелет,
Словно жребий неизбежный.

Странный день пришел, когда
С неподвижно-смутной ивой
Неподвижная вода
Спор заводит молчаливый.

Так лежит в земле Давид,
Перед скинией плясавший.
Равнодушный слух томит
Возглас, вчуже отзвучавший.

Где веселье этих вод?
В чем их смертная обида?
Кто былую жизнь вернет
Песнопению Давида?

Как пред скинией, вчера

# 연못

고르게 펼쳐진 하얀 하늘,
강 가의 초록 풀에는
하얀 희미한 얼룩.
마치 피할 수 없는 운명 같구나.

이상한 날이었다.
움직이지 않는 어지러운 버드나무와
움직이지 않는 물은
무언의 논쟁을 벌인다.

지상에는 성막 앞에서 춤을 춘 다윗이
그렇게 누워 있다,
냉담한 소문이
멈춰버린 환호성을 지치게한다.

이 연못의 즐거움은 어디에 있는가?
죽음의 분노는 왜인가?
누가 지나간 삶을
다윗의 찬미로 되돌릴 것인가?

어제 성막 앞에서

Воды звонкие плясали,
И пришла для них пора
Успокоенной печали.

Пруд уйдет из-под корней,
Станет призраком былого,
Но умрет еще скорей
Наше творческое слово.

-1946

찰랑거리는 물이 춤을 추었듯이
그들을 위한 고요한 슬픔의
때가 왔다.

연못은 그 근원지를 떠날 것이다,
지나간 삶의 환영이 될 것이다,
그러나 그보다 우리의 창조적 언어가
먼저 죽게 되겠지.

-1946

* * *

Глупый мой сон, неразумная дрема,
Все-то слоняешься около дома,
Все-то ко мне заглянуть невдомек,
Все-то нужны тебе спрос да подсказка,
Чистая совесть да льстивая ласка...
Ты не торопишься на огонек.

Что мне оставили ранние годы,
Ранние годы – лучистые воды,
Белый песок да степная трава –
Горькая, звонкая, злая, сухая,
Под синевою, туманной у края?
Разве что эти пустые слова.

Где моя власть над землею и небом?
Я ли насущным не брезговал хлебом,
Волка из горсти в жару не поил,
В голод зерном не кормил ли кукушку?
А головы не клоню на подушку,
Словно еше не растратил я сил,

* * *

어리석은 나의 꿈이여, 어리석은 몽상이여,
항상 집 근처를 배회하지만,
항상 내게로 들르는 법이 없구나.
항상 네게는 노골적 부탁과 비밀스런 암시가,
깨끗한 양심과 아첨하는 유혹이 필요하겠지...
너는 불 켜진 창으로 서두르지 않는구나.

어린 시절은 내게 무엇을 남겨 놓았느냐,
어린 시절 – 찬란하게 반짝이는 물과,
하얀 모래와 초원의 풀,
안개 낀 파란 하늘 아래
쓸쓸하고, 울림이 있고, 악하고, 메마른 풀?
참으로 공허한 말들이구나.

땅과 하늘에 대한 나의 힘은 어디에 있는가?
내가 일용할 양식을 사양하지 않았는가,
무더위 속에서 늑대에게 물을 주지 않았고,
배고픔 속에서 곡식으로 뻐꾸기를 먹이지 않았는가.
나의 머리는 베개에서 쉬지 않는다,
마치 힘이 다 소진하지 않은 듯.

Словно твои утешительны речи,
Словно не давит мне горе на плечи,
Словно урок мой еще не свершен
И глухота мне твоя не знакома,
Глупый мой сон, неразумная дрема,
Глупый мой сон, ах ты, глупый мой сон.

-1951

너의 말이 나를 위로하듯,
슬픔이 내 어깨 위를 짓누르지 않듯,
나의 교훈이 아직 끝나지 않은 듯,
내가 아직 너의 적막함을 모르는 듯.
어리석은 나의 꿈이여, 어리석은 몽상이여,
어리석은 나의 꿈이여, 오, 어리석은 나의 꿈이여.

-1951

* * *

Я учился траве, раскрывая тетрадь,
И трава начинала, как флейта, звучать.
Я ловил соответствие звука и цвета,
И когда запевала свой гимн стрекоза,
Меж зеленых ладов проходя, как комета,
Я-то знал, что любая росинка - слеза.
Знал, что в каждой фасетке огромного ока,
В каждой радуге яркострекочущих крыл
Обитает горящее слово пророка,
И Адамову тайну я чудом открыл.

Я любил свой мучительный труд, эту кладку
Слов, скрепленных их собственным светом, загадку
Смутных чувств и простую разгадку ума,
В слове п р а в д а мне виделась правда сама,
Был язык мой правдив, как спектральный анализ,
А слова у меня под ногами валялись.

И еще я скажу: собеседник мой прав,
В четверть шума я слышал, в полсвета я видел,

* * *

나는 풀을 공부했고, 악보를 펴
풀은 피리처럼 소리내기 시작했다.
나는 소리와 색깔이 일치함을 알았고
잠자리가 혜성처럼 초록의 음계 사이를 지나면서
자신의 송가를 불렀을 때
모든 이슬방울이 눈물임을 알았다.
곤충의 커다란 겹눈 속에,
환하게 재잘거리는 날개의 무지개 빛 속에,
예언자의 불타는 언어가 살고 있음을 알았다.
그리고 나는 기적처럼 아담의 비밀을 밝혀냈다.

나는 고통스러운 노동을,
자신의 빛으로 단단히 죄어진 언어의 벽돌을,
뒤얽힌 감정의 수수께끼를,
지혜의 간단한 해답을 사랑했다.
ㅈㅣㄴㄹㅣ라는 단어 속에서 나는 진리 그 자체를 보았고,
나의 언어는 스펙트럼처럼 진실했다.
그리고 언어들은 내 발 밑에 흩어져 있었다.

그리고 난 말할 것이다, 나와 대화했던 이가 옳았음을,
소음 속에서 나는 들었고, 어스름 속에서 나는 보았다.

Но зато не унизив ни близких, ни трав,
Равнодушием отчей земли не обидел,
И пока на земле я работал, приняв
Дар студеной воды и пахучего хлеба,
Надо мною стояло бездонное небо,
Звезды падали мне на рукав.

-1956

나는 가까운 이들도, 풀조차도 냉대하지 않았고
아버지의 땅을 무심하게 상처입히지 않았다.
이 땅에서 일하는 동안
차가운 물과 향기로운 빵을 선물 받았으므로.
끝없는 하늘이 내 위에 섰다.
별들이 내 소매로 떨어진다.

-1956

АКТЕР

Все кончается, как по звонку,
На убогой театральной сцене
Дранкой вверх несут мою тоску —
Душные лиловые сирени.

Я стою хмелен и одинок,
Будто нищий над своею шапкой,
А моя любимая со щек
Маков цвет стирает сальной тряпкой.

Я искусство ваше презирал.
С чем еще мне жизнь сравнить, скажите,
Если кто-то роль мою сыграл
На вертушке роковых событий?

Где же ты, счастливый мой двойник?
Ты, видать, увел меня с собою,
Потому что здесь чужой старик
Ссорится у зеркала с судьбою.

-1958

배우

벨소리가 울림과 동시에 모든 것이 끝난다.
초라한 극장 무대에서
더위에 지친 연보라빛 라일락들이
거친 나의 우수를 저 높은 곳으로 가져간다.

나는 취한 채 홀로 서 있다.
모자를 눌러 쓴 거렁뱅이 마냥.
사랑하는 이가 뺨에 묻은 양귀비꽃 분을
더러운 넝마로 닦아준다.

나는 당신네 예술을 경멸했다. 말해주오.
숙명적인 사건의 소용돌이 속에서
만일 누군가 나의 역할을 연기할 수 있다면
나는 삶을 무엇에 비유할 수 있을까?

나의 행복한 분신이여, 너는 어디에 있느냐?
너는 나를 데리고 가버린 것 같구나.
낯선 노인이 여기
거울 옆에서 운명과 논쟁하고 있으니.

-1958

ДЕРЕВО ЖАННЫ

Мне говорят, а я уже не слышу,
Что говорят. Моя душа к себе
Прислушивается, как Жанна Д'Арк.
Какие голоса тогда поют!

И управлять я научился ими:
То флейты вызываю, то фаготы,
То арфы. Иногда я просыпаюсь,
И все уже давным-давно звучит,
И кажется - финал не за горами.

Привет тебе, высокий ствол и ветви
Упругие, с листвой зелено-ржавой,
Таинственное дерево, откуда
Ко мне слетает птица первой ноты.

Но стоит взяться мне за карандаш,
Чтоб записать словами гул литавров,
Охотничьи сигналы духовых,
Весенние размытые порывы
Смычков,- я понимаю, что со мной:

잔다르크의 나무

사람들은 내게 말하지만, 나는 그들이 무얼 말하는지
이미 들을 수가 없다. 나의 영혼은 잔다르크처럼
자기 자신의 소리를 따르리니.
그때 어떠한 소리들이 노래하는가!

나는 그 소리들의 지휘법을 배웠다.
나는 플룻을 부르고, 파곳을 부르고,
하프를 부른다. 때때로 내가 눈을 뜰 때
모든 것은 그 옛날부터 울려 퍼지고 있었고,
소리의 끝은 가까이에 있는 것 같았다.

안녕, 나무여. 높이 달린 줄기와
유연한 가지여, 녹슨 초록잎의
비밀스런 나무여, 거기에서
내게로 첫 악보의 새가 날아올 것이다.

팀파니 소리를,
사냥꾼의 뿔피리 신호를,
봄의 눈 녹아 흐르는 바이올린 소리를
쓰기 위해 펜을 들 가치가 있다.
내게 무슨 일이 일어났는지 깨닫는다.

Душа к губам прикладывает палец -
Молчи! Молчи!

                И все, чем смерть жива
И жизнь сложна, приобретает новый,
Прозрачный, очевидный, как стекло,
Внезапный смысл. И я молчу, но я
Весь без остатка, весь как есть - в раструбе
Воронки, полной утреннего шума.

Вот почему, когда мы умираем,
Оказывается, что ни полслова
Не написали о себе самих,
И то, что прежде нам казалось нами,
Идет по кругу
Спокойно, отчужденно, вне сравнений
И нас уже в себе не заключает.

Ах, Жанна, Жанна, маленькая Жанна!
Пусть коронован твой король,- какая
Заслуга в том? Шумит волшебный дуб,
И что-то голос говорит, а ты
Огнем горишь в рубахе не по росту.

                                              -1959

영혼은 입술에 손가락을 대며
침묵하라! 침묵하라!
    그리고 죽음이 사는 이유,
삶이 복잡한 이유, 이 모든 것은
새롭고, 유리처럼 투명한
갑작스런 의미를 얻는다.
나는 침묵한다. 그러나 나는 흔적 없는 전부,
있는 그대로의 전부. 나는 아침의 소음으로 가득 찬
나팔의 깔대기 구멍 속에 존재한다.

우리가 죽어갈 때 비로소,
우리 자신에 대해서는
단 한마디도 쓰지 않은 이유가 밝혀진다.
예전에 알고 있었던 사실이
고요히, 고독하게, 비교를 초월하여 반복되며
우리를 그 속에 매듭짓지 않은 이유가
바로 여기에 있다.

오, 잔다르크, 잔다르크, 어린 잔다르크여!
너의 왕이 왕위를 계승하게 하라.
하지만 네 공로가 그 속에 있느냐? 마법의 참나무가 속삭이고
목소리가 무언가를 말한다. 그러나 너는
커다란 수의를 입고 불타오르고 있구나.

-1959

* * *

Как Иисус, распятый на кресте,
Зубец горы чернел на высоте
Границы неба и приземной пыли,
А солнце поднималось по кресту,
И все мы, как на каменном плоту,
По каменному океану плыли.

Так снилось мне.
               Среди каких степей
В какой стране, среди каких нагорий
И чья душа, столь близкая моей,
Несла свое слепительное горе?
И от кого из пращуров своих
Я получил наследство роковое -
Шипы над перекладиной кривою,
Лиловый блеск на скулах восковых
И надпись над поникшей головою?

-1962

* * *

십자가에 못 박힌 예수처럼
하늘과 대지의 먼지
사이의 경계
톱니 모양의 산 꼭대기는
어둡게 변했다.
태양은 십자가를 따라 떠오르고
우리는
돌 뗏목을 타고
돌 바다를 항해했다.

난 꿈을 꾸었다.
　　　　　어떤 초원들 사이에서
어떤 나라에서, 어떤 구릉 사이에서
내게 친근한 누구의 영혼이
눈부신 슬픔을 가져왔는가?
선조의 누구로부터
나는 숙명적인 유산을 받은 것인가
비뚤어진 횡목 위의 가시,
밀랍처럼 창백한 광대뼈의 연보라빛 눈부심,
고개 떨군 머리에 새겨진 비문을...

-1962

ГРАМОФОННАЯ ПЛАСТИНКА

I

Июнь, июль, пройди по рынку,
Найди в палатке бой и лом
И граммофонную пластинку
Погрей пожарче за стеклом.

В трубу немую и кривую
Пластмассу черную сверни,
Расплавь дорожку звуковую
И время дай остыть в тени.

Поостеречься бы, да поздно:
Я тоже под иглой пою
И все подряд раздам позвездно,
Что в кожу врезано мою.

-1963

축음기의 레코드

I

6월, 7월, 시장을 둘러보라.
장막 아래 고철 나부랭이를 찾아보라.
그리고 유리를 달군 후
축음기의 레코드를 더 뜨겁게 달구라.

검은 플라스틱으로
아직 벙어리 불구의 축음기 나팔을 만들라.
레코드판에 홈을 새기고,
잠시 그늘 속에서 식히라.

조심해도 이미 늦었다.
나 역시 바늘 아래서 노래한다.
내 피부에 새겨진 모든 것을
별들에게 각각 나눠 주리라.

-1963

II

Я не пойду на первое свиданье,
Ни в чем не стану подражать Монтану,
Не зарыдаю гулко, как Шаляпин.
Сказать - скажу: я полужил и полу —
казалось — жил,
и сам себя прошляпил.
Уймите, ради Бога, радиолу!

-1957

II

나는 첫 만남에 나가지 않으리,
몬탄을 모방하지도
샬랴삔처럼 웅장하게 노래하지도 않으리.
말로만 말하리. 나는 인생의 반은 살았다고,
살았다고 생각했을 뿐,
인생을 낭비했을 뿐이라고.
제발 축음기를 꺼다오.

-1957

ПОЭТ

Жил на свете рыцарь бедный...

Эту книгу мне когда-то
В коридоре Госиздата
Подарил один поэт;
Книга порвана, измята,
И в живых поэта нет.

Говорили, что в обличьи
У поэта нечто птичье
И египетское есть;
Было нищее величье
И задерганная честь.

Как боялся он пространства
Коридоров! постоянства
Кредиторов! Он как дар
В диком приступе жеманства
Принимал свой гонорар.

Так елозит по экрану
С реверансами, как спьяну,

시인

가난한 기사가 세상에 살았다네...

어떤 시인이 언젠가
고시즈다뜨 복도에서
내게 이 책을 선물했다.
책은 찢어지고 구겨졌고,
이 세상에 더 이상 시인은 없다.

시인의 모습 속엔
새와 같은 어떤 것,
이집트적인 어떤 것이 있다고들 했지만,
그 모습 속엔 가난한 위대함과
괴로운 명예가 있었다.

그가 복도라는 공간을
얼마나 두려워했는지!
독촉자의 집요함을!
그는 선물인 듯
가식의 조야한 공격 속에서
자신의 원고료를 받아 든다.

중절모를 쓴 늙은 광대는
술 취한 듯

Старый клоун в котелке
И, как трезвый, прячет рану
Под жилеткой на пике.

Оперенный рифмой парной,
Кончен подвиг календарный,-
Добрый путь тебе, прощай!
Здравствуй, праздник гонорарный,
Черный белый каравай!

Гнутым словом забавлялся,
Птичьим клювом улыбался,
Встречных с лету брал в зажим,
Одиночества боялся
И стихи читал чужим.

Так и надо жить поэту.
Я и сам сную по свету,
Одиночества боюсь,
В сотый раз за книгу эту
В одиночестве берусь.

Там в стихах пейзажей мало,
Только бестолочь вокзала

바보스럽게 인사를 하고
무대 위를 기어다닌다.
그리고는 술을 깬 듯
조끼 아래 상처를 더듬는다.

운을 밟아 쓰여진
연중 행사의 위업은 끝이 난다.
앞날에 행운이 깃들길. 잘 가시오!
만세, 원고료 받는 날이여,
검고 흰 빵이여!

비꼬는 말로 웃었고,
새의 부리로 미소 지었으며,
여름부터 만나는 이들을 조임쇠로 조였고,
고독을 두려워했고
낯선 이들에게 시를 읽어 주었다.

시인은 그렇게 살아야 하는 법.
나 자신도 세상을 배회하며,
고독을 두려워하고,
고독 속에서 수백 번
이 책에 착수한다.

시 속에 풍경화는 많지 않다.
단지 기차역의 어수선함과

И театра кутерьма,
Только люди как попало,
Рынок, очередь, тюрьма.

Жизнь, должно быть, наболтала,
Наплела судьба сама.

-1963

극장의 뒤범벅이,
단지 우연히 오게 된 사람들,
시장, 늘어선 줄, 감옥만이 있을 뿐.

삶은 수다스러워야 했고,
운명은 과장되어야 했다.

-1963

* * *

Вот и лето прошло,
Словно и не бывало.
На пригреве тепло.
Только этого мало.

Все, что сбыться могло,
Мне, как лист пятипалый,
Прямо в руки легло,
Только этого мало.

Понапрасну ни зло,
Ни добро не пропало,
Все горело светло,
Только этого мало.

Жизнь брала под крыло,
Берегла и спасала,
мне и вправду везло.
Только этого мало.

Листьев не обожгло,
Веток не обломало...
День промыт, как стекло,
Только этого мало.

-1967

* * *

여름은 다 갔구나.
있지 않았을지도 모르지.
햇볕 속에 따스하건만
그래도 모자라네.

얻을 수 있는 모든 것이
다섯 손가락 이파리처럼.
내 손 안에 떨어졌건만
그래도 모자라네.

악도 선도 헛되이
사라져 버리진 않았지.
모든 게 밝게 불타오르건만
그래도 모자라네.

인생이 방패처럼
날 보호해 주었지.
행운이 나를 행복하게 했건만
그래도 모자라네.

잎새는 타지 않고
가지도 부러지지 않았네.
대낮이 유리처럼 빛나건만
그래도 모자라네.

-1967

* * *

И я ниоткуда
Пришел расколоть
Единое чудо
На душу и плоть.

Державу природы
Я должен рассечь
На песню и воды,
На сушу и речь

И, хлеба земного
Отведав, прийти
В свечении слова
К началу пути.

Я сын твой, отрада
Твоя, Авраам,
И жертвы не надо
Моим временам,

А сколько мне в чаше
Обид и труда...
И после сладчайшей
Из чаш —
никуда?

-1967

* * *

나는 유일한 기적을
영혼과 육체로
분리하기 위해
무無에서 왔다.

나는 자연의 섭리를
노래와 물로,
육지와 말로
절단해야만 한다.

그리고, 지상의 빵을
음미한 후,
말의 광채 속에서
길의 처음으로 가야 한다.

나는 당신의 아들,
당신의 기쁨인
아브라함이다.
지금 나의 시대엔 희생양이 필요 없다.

내 운명의 잔 속에는
얼마의 모욕과 노동이 있는가...
가장 달콤한 잔 후에는
갈 곳이 있는가?

-1967

* * *

> Мир ловил меня, но не поймал
> - автоэпитафия Гр.Сковороды

Где целовали степь курганы
Лицом в траву, как горбуны,
Где дробно били в барабаны
И пыль клубили табуны,

Где на рогах волы качали
Степное солнце чумака,
Где горькой патокой печали
Чадил костер из кизяка,

Где спали каменные бабы
В календаре былых времен
И по ночам сходились жабы
К ногам их плоским на поклон,

Там пробирался я к Азову:
Подставил грудь под суховей,
Босой пошел на юг по зову
Судьбы скитальческой своей,

* * *

> 세상이 나를 잡으려 했지만, 나를 잡지 못했네.
> - 그리고리 스꼬보로다의 묘비명

무덤들이 마치 곱사등이처럼
초원의 풀에 얼굴을 맞댄 곳,
가냘프게 북소리를 울린 곳,
말떼가 먼지를 일으킨 곳.

황소 뿔피리를 불어
초원의 태양을 뒤흔든 곳,
말린 쇠똥으로 피운 모닥불이
슬픔의 쓰디쓴 꿀 냄새를 발산하는 곳.

옛날 옛적에
여인의 석상이 잠든 곳,
그리고 밤마다 두꺼비들이 모여
그들의 평평한 발 밑에 엎드려 절 한 곳.

거기에서 나는 아조프로 몰래 갔다.
마른 바람 아래에 가슴을 내어 놓고,
맨발의 내 방랑하는 운명의 목소리를 따라
남쪽으로 갔다.

Топтал чебрец родного края
И ночевал - не помню где,
Я жил, невольно подражая
Григорию Сковороде,

Я грыз его благословенный,
Священный, каменный сухарь,
Но по лицу моей вселенной
Он до меня прошел, как царь;

Пред ним прельстительные сети
Меняли тщетно цвет на цвет.
А я любил ячейки эти,
Мне и теперь свободы нет.

Не надивуюсь я величью
Счастливых помыслов его.
Но подари мне песню птичью
И степь - не знаю для чего.

Не для того ли, чтоб оттуда
В свой час при свете поздних звезд,
Благословив земное чудо,
Вернуться на родной погост.

-1976

고향의 박하풀을 짓밟고,
어디인지 기억나지 않는 곳에서 밤을 지새우며,
무심코 그리고리 스꼬보로다를 모방하며 나는 살았다.

그의 축복받고 성스러운
굳은 빵을 나는 갉아먹었지만,
내가 오기 전에 이미 그가
내 세계의 표면 위를 황제처럼 살고 갔다.

유혹하는 올가미들이 그 앞에서
공허하게 빛을 바꾸었다.
나는 그 올가미를 사랑했기에
이제 내게 자유란 없다.

그의 행복한 생각들이 지닌
위대함에 나는 놀랄 수밖에 없다.
다만 내게 새의 노래를 다오.
초원을 다오 - 무엇을 위해서인지 나도 모르는.

지상의 기적을 축복한 후
마지막 별들의 세상이 오면
죽음의 순간에
고향 묘지로 돌아가기 위해서가 아닐까.

-1976

* * *

Меркнет зрение - сила моя,
Два незримых алмазных копья;
Глохнет слух, полный давнего грома
И дыхания отчего дома;
Жестких мышц ослабели узлы,
Как на пашне седые волы;
И не светятся больше ночами
Два крыла у меня за плечами.

Я свеча, я сгорел на пиру.
Соберите мой воск поутру,
И подскажет вам эта страница,
Как вам плакать и чем вам гордиться,
Как веселья посленюю треть
Раздарить и легко умереть,
И под сенью случайного крова
Загореться посмертно, как слово.

-1977

* * *

눈이 어둡다. 나의 힘이여,
볼 수 없는 두 개의 다이아몬드 눈동자여.
오래 전 우뢰와 아버지 집의 한숨으로 가득 찬
청력도 귀먹는다.
마치 논밭의 노쇠한 황소처럼
튼튼했던 근육도 힘을 잃는다.
그리고 내 어깨 뒤 두 날개도
이제 밤마다 점점 광채를 잃는구나.

나는 한 개의 양초.
나는 연회에서 나를 태운다.
이른 아침이 되면 나의 밀랍을 모아다오.
그러면 이 페이지가 당신에게 속삭이리라.
얼마나 눈물 흘려야 할지, 무엇이 자랑스럽게 될지,
기쁨의 마지막 일부분을 어떻게 나누어야 할지,
어떻게 고요히 죽게 될지,
우연한 안식처의 처마 밑에서
사후 어떻게 타오르게 될지.
말들이 그러하듯이...

-1977

지난 날의 껍데기와 작별하련다

И прощаюсь я с кожей вчерашнего дня

아르세니 따르꼽스께는 흔히 쮸쩨프의 시 전통을 잇는 철학시의 대가로 일컬어진다. 그는 삶과 죽음, 인간과 자연의 본질에 대해 항상 진지하게 접근하며, 철학적인 성찰을 통해 자아 정체성에 대해 자문한다. 이와 같은 존재론적 탐색 과정은 그의 시 속에서 철학과 예술을 결합시키며, 아들 안드레이 따르꼽스께의 철학적 사유의 바탕을 형성한다. 그의 영화 <솔라리스>, <잠입자>, <희생> 등의 모든 작품 속에는 인간 본질에 대한 진지한 성찰이 녹아 있다.

* * *

Соберемся понемногу,
Поцелуем мертвый лоб,
Вместе выйдем на дорогу,
Понесем сосновый гроб.

Есть обычай: вдоль заборов
И затворов на пути
Без кадил, молитв и хоров
Гроб по улицам нести.

Я креста тебе не ставлю,
Древних песен не пою,
Не прославлю, не ославлю
Душу бедную твою.

Для чего мне теплить свечи,
Петь у гроба твоего?
Ты не слышишь нашей речи
И не помнишь ничего.

Только слышишь — легче дыма
И безмолвней трав земных
В холоде земли родимой
Тяжесть нежных век своих.

-1932

* * *

천천히 준비를 할 것이다.
죽은 이마에 키스를 할 것이다.
같이 길을 나설 것이다.
소나무 관을 들어 옮길 것이다.

그러하듯이, 울타리를 따라
은둔자의 길을 따라
향로도, 기도도, 성가도 없이
길을 따라 관을 들어 옮겨야 한다.

네 무덤엔 십자가를 세우지 않으리라.
옛날의 노래를 부르지 않으리라.
네 불쌍한 영혼을
찬양하지도, 모욕하지도 않으리라.

무엇을 위해 양초를 켜겠는가,
네 무덤가에서 노래하겠는가?
너는 우리의 말을 듣지 못하고
아무것도 기억하지 못하는데.

하지만 들리는가. 고향 땅의 냉기 속에서
부드러운 눈꺼풀의 고통이
연기보다 더 가볍고
지상의 풀들보다 더 고요하다는 것을.   -1932

* * *

Стол накрыт на шестерых -
Розы да хрусталь...
А среди гостей моих -
Горе да печаль.

И со мною мой отец,
И со мною брат.
Час проходит. Наконец
У дверей стучат.

Как двенадцать лет назад,
Холодна рука,
И немодные шумят
Синие шелка.

И вино поет из тьмы,
И звенит стекло:
"Как тебя любили мы,
Сколько лет прошло".

Улыбнется мне отец,

* * *

여섯 명을 위한 식탁이 차려졌다.
장미와 크리스탈...
그리고 내 손님 중엔
슬픔과 비탄.

또 나와 내 아버지,
그리고 나와 내 형.
한 시간이 지나간다.
문 두드리는 소리.

십이 년 전처럼
차가운 손,
유행 지난 파란 실크
사각사각 소리를 낸다.

암흑 속에서 포도주가 노래한다.
유리잔들은 부딪혀 소리를 낸다.
"오랜 세월이 흐른 것처럼
그렇게 우리가 당신을 사랑했군요"

아버지는 내게 미소를 짓고

Брат нальет вина,
Даст мне руку без колец,
Скажет мне она:

"Каблучки мои в пыли,
Выцвела коса,
И звучат из-под земли
Наши голоса".

-1940

형은 내게 포도주를 따르겠지.
반지 없는 내 손을 잡고
그녀는 내게 말하겠지.

"내 구두 뒤축은 먼지투성이,
땋아 내린 머리는 이미 퇴색했고
땅 밑으로부터
우리의 목소리가 울리는군요."

-1940

* * *

Я много знал плохого и хорошего,
Умел гореть, как воск, любить и петь,
И наконец попал я в это крошево,
Что я теперь? Голодной смерти снедь.

Да, смерть права. Не мне, из глины взятому,
Бессмертое открыто бытие,
Но, Боже правый, горько мне, крылатому,
Надеяться на слепоту ее.

Вы, пестуны мои неосторожные,
Как вы забыть меня в беде могли?
Спасибо вам за крылья ненадежные,
За боль в плечах, за белизну в пыли,

За то, что ни людского нет, ни птичьего
Нет заговора, чтобы вкось иль ввысь
На островок рвануться и достичь его,
И отдышаться там, где вы спаслись.

-1942

* * *

난 나쁜 것도, 좋은 것도 많이 알고 있었습니다.
밀랍처럼 타오를 줄도 알고,
사랑할 줄도 노래할 줄도 알았습니다.
그러나 결국 난 이 뒤범벅이 속으로 오게 되었습니다..
난 지금 무엇입니까? 굶주린 죽음의 먹이.

그렇습니다, 죽음이 옳습니다.
진흙으로 만들어진 내게는
불멸의 존재가 열려있지 않습니다.
그러나 하나님, 날개 달린 내게
죽음에 대한 기도는 너무 어려운 일입니다.

무심한 나의 보호자시여,
어떻게 당신이 고난에서 나를 잊으실 수 있습니까?
절망의 날개에 대해 감사드립니다.
어깨의 고통에 대해,
먼지 속의 백색 존재에 대해 감사드립니다.

위로 날아올라 섬에 이르도록,
당신이 구원받은 그 곳에서 호흡이 돌아오도록
인간의 음모도, 새의 음모도
없다는 사실에 대해 감사드립니다.

-1942

ГОЛУБИ НА ПЛОЩАДИ

Я не уже хуже, не лучше других,
И на площадь хожу я со всеми
Покупать конопляное семя
И кормить голубей городских,
Потому что я вылепил их,
Потому что своими руками
Глину мял я, как мертвые в яме,
Потому что от ран штыковых
Я без просыпу спал, как другие,
В клейской глине живее живых,
Потому что из глины России
Всем народом я вылепил их.

-1947

광장 위 비둘기

나는 다른 사람보다 못한 것도, 나은 것도 없다.
난 광장을 거닌다.
삼나무 씨를 사서
도시 비둘기를 먹이려고.
왜냐면 내가 그들을 점토로 빚었으니까.
왜냐면 웅덩이 속 시체같이 생기없는
내 손으로 점토를 뭉쳤으니까.
왜냐면 나는 상처 때문에
깨지 않고 잠잤으니까. 마치 다른 사람들처럼
진흙 속에서 산 사람보다 더 활기차게 살고 있으니까.
왜냐면 러시아라는 진흙으로 만들어진
모든 민중처럼 내가 그것들을 빚었으니까.

-1947

* * *

Мой город в ранах, от которых можно
Смежить в полете крылья и упасть,
Почувствовав, насколько непреложна
Видений ранних женственная власть.

Не странно ли, что ты, мой ангел падший,
Хранитель нежний, искуситель мой,
Передо мной стоишь, как брат мой младший,
Без серебристых крыльев за спиной.

Вдали от тополей пирамидальных,
Не за моим, а за чужим окном,
Под пеленой дождей твоих прощальных,
Стоишь и просишь, но о чем? о чем?

-1955

* * *

상처 입은 내 도시, 그 상처로 인해
비행 중 날개를 접고 떨어질지도 모른다.
상처 입은 환영이 지닌 모성의 힘이
얼마나 영원한지를 느꼈다 하더라도.

이상하다, 내 타락 천사여,
부드러운 수호자여, 나를 유혹하는 악마여.
등에 은빛 날개도 없이
남동생처럼 내 앞에 서 있다니.

피라밋 모양의 백양나무로부터 머얼리
내 창문이 아닌 낯선 창문 뒤에서,
네 이별의 빗방울 장막 아래 서서
부탁을 하다니. 그러나 무엇에 대해, 무엇을?

-1955

* * *

Я прощаюсь со всем, чем когда-то я был
И что я презирал, ненавидел, любил.

Начинается новая жизнь для меня,
И прощаюсь я с кожей вчерашнего дня.

Больше я от себя не желаю вестей
И прощаюсь с собою до мозга костей,

И уже наконец над собою стою,
Отделяю постылую душу мою,

В пустоте оставляю себя самого,
Равнодушно смотрю на себя - на него.

Здравствуй, здравствуй, моя ледяная броня,
Здравствуй, хлеб без меня и вино без меня,

Сновидения ночи и бабочки дня,
Здравствуй, всё без меня и вы все без меня!

* * *

나는 과거의 나와 작별을 하련다.
내가 경멸했고, 증오했고, 사랑했던 나 자신과.

이제 나를 위한 새로운 삶이 시작되니
나는 지난 날의 껍데기와 작별하련다.

더 이상 나 자신으로부터 아무 소식도 바라지 않는다.
뼈가 시리도록 나 자신과의 작별을 원할 뿐.

이제 결국 자신의 한계를 넘어서
역겨운 내 영혼을 분리시킨다.

공허 속에 나 자신을 남겨둔 채
나는 무심히 나 자신을, 아니 그를 본다.

안녕, 안녕, 내 굳어버린 껍데기여,
안녕, 내가 없는 빵과 내가 없는 포도주여,

밤의 꿈들과 낮의 나비들이여.
안녕, 내가 없는 모든 것과 내가 없는 모든 당신들이여!

Я читаю страницы неписаных книг,
Слышу круглого яблока круглый язык,

Слышу белого облака белую речь,
Но ни слова для вас не умею сберечь,

Потому что сосудом скудельным я был.
И не знаю, зачем сам себя я разбил.

Больше сферы подвижной в руке не держу
И ни слова без слова я вам не скажу.

А когда-то во мне находили слова
Люди, рыбы и камни, листва и трава.

-1957

나는 쓰여지지 않은 책들의 페이지를 넘긴다.
나는 둥근 사과의 둥근 언어를 듣는다.

나는 하얀 구름의 하얀 말을 듣는다.
그러나 당신들을 위해서는 어떠한 단어도 간직할 수 없다.

왜냐면 나는 점토로 만든 그릇이었으니까.
그리고 왜 내가 나 자신을 부수었는지 모른다.

나는 손 안에 움직이는 공간 밖에 아무것도 움켜쥘 수 없다.
그리고 이젠 말없이 어떤 말도 당신들에게 말하지 않으리라.

당신들은 물고기와 돌, 잎사귀와 풀이란 단어를
내 속에서 찾으려 했지만.

-1957

ЕВРИДИКА

У человека тело
Одно, как одиночка.
Душе осточертела
Сплошная оболочка
С ушами и глазами
Величиной в пятак
И кожей - шрам на шраме,
Надетой на костяк.

Летит сквозь роговицу
В небесную криницу,
На ледяную спицу,
На птичью колесницу
И слышит сквозь решетку
Живой тюрьмы своей
Лесов и нив трещотку,
Трубу семи морей.

Душе грешно без тела,
Как телу без сорочки,-
Ни помысла, ни дела,

에우리디케

인간에게는 하나의
육체가 있다, 감옥같은.
5 까뻬이까짜리 동전만한
귀와 눈이 달린
순전한 껍데기,
상처투성이의 가죽으로
뼈 위를 덮고 있는
이 순전한 껍데기는
영혼을 증오한다.

각막을 뚫고
얼음의 바퀴가 달린
새들의 마차를 타고
하늘의 샘으로 날아간다.
그리고 자신의 살아있는 감옥의
격자 무늬 창을 통해
숲과 밭의 악기 소리
일곱 바다의 나팔 소리를 듣는다.

아무런 생각도, 아무런 일도,
아무런 구상도, 아무런 싯귀도 없이
실오라기 하나 걸치지 않은 육체가 그러하듯이

Ни замысла, ни строчки.
Загадка без разгадки:
Кто возвратится вспять,
Сплясав на той площадке,
Где некому плясать?

И снится мне другая
Душа, в другой одежде:
Горит, перебегая
От робости к надежде,
Огнем, как спирт, без тени
Уходит по земле,
На память гроздь сирени
Оставив на столе.

Дитя, беги, не сетуй
Над Эвридикой бедной
И палочкой по свету
Гони свой обруч медный,
Пока хоть в четверть слуха
В ответ на каждый шаг
И весело и сухо
Земля шумит в ушах.

-1961

육체 없는 영혼은 죄가 많다.
해답이 없는 수수께끼가 있다.
누가 춤을 출 사람 없는
공간에서 춤을 추고
뒷걸음질쳐서 돌아가는가?

나는 꿈에서
다른 옷을 입은 영혼을 본다.
그 영혼은 수줍음에서 희망으로
달려가며 알콜처럼 불꽃을 태운다.
그리곤 그림자 없이
지상을 떠나온다.
기념으로 탁자에 라일락 한 다발을
남겨 두고서.

아이야, 뛰어라,
가엾은 에우리디케에 대해
슬퍼하지 말아라.
그리고 이 세상을 따라 막대로
구레테를 굴려라.
지구는 매 걸음에 대한 대답으로
귓가에 대고
즐겁고도 메마르게
소근거린다.

-1961

ЖИЗНЬ, ЖИЗНЬ

I

Предчувствиям не верю и примет
Я не боюсь. Ни клеветы, ни яда
Я не бегу. На свете смерти нет.
Бессмертны все. Бессмертны всё. Не надо
Бояться смерти ни в семнадцать лет,
Нив семьдесят. Есть только явь и свет,
Ни тьмы, ни смерти нет на этом свете.
Мы все тех, кто выбирает сети,
Когда идет бессметрье косяком.

II

Живите в доме - и не рухнет дом.
Я вызову любое из столетий,
Войду в него и дом построю в нем.
Вот почему со мною ваши дети
И жены ваши за одним столом, -
А стол один и прадеду и внуку:
Грядущее свершается сейчас,

삶, 삶

I

나는 예감을 믿지도 않고, 전조를
두려워하지도 않는다. 비방도 원한도
회피하지 않는다. 세상에 죽음이란 없으니까.
아무도 죽지 않는다, 아무것도 죽지 않는다.
열일곱 살에도, 일흔 살에도
죽음을 두려워할 이유는 없다. 이 세상에는 삶과 빛만이
존재할 뿐, 죽음도 어둠도 없다.
우리 모두는 지금 해변가에 있다.
그리고 불멸이 무리 지어 몰려올 때
나는 그물을 걷는 한 사람.

II

집에서 살면, 집이 무너지지는 않으리.
나는 백 년 중 아무 시간이나 불러
거기로 가서 집을 지으리라.
이것이 당신의 아이들이,
당신의 아내들이 나와 함께 한 식탁에 앉아 있는 이유.
이 식탁은 할아버지에게나 손자에게나 같다.
미래는 현재에 이루어지는 법,

И если я приподымаю руку,
Все пять ручей останутся у вас.
Я каждый день минувшего, как крепью,
Ключицами своими подпирал,
Измерил время землемерной цепью
И сквозь него прошел, как сквозь Урал.

III

Я век себе по росту подбирал.
Мы шли на юг, держали пыль над степью;
Бурьян чадил; кузнечик баловал,
И гибелью грозил мне, как монах.
Судьбу свою к седлу я приторочил;
Я и сейчас, в грядущих временах,
Как мальчик, привстаю на стременах.

Мне моего бессмертия довольно,
Чтоб кровь моя из века в век текла.
За верный угол ровного тепла
Я жизнью заплатил бы своевольно,
Когда б ее летучая игла
Меня, как нить, по свету не вела.

-1965

만일 내가 손을 들어 올리면
모든 다섯 개의 빛이 당신 곁에 남게 될 것.
나는 지난 하루하루를
어깨로 떠받치며 살아왔고,
측쇄로 시간을 측정했으며
우랄을 가로지르듯 그 시간을 지나 왔다.

III

나는 내게 맞는 시간을 골랐다.
우리는 남쪽으로 갔고, 초원에 먼지를 일으켰다.
관목들은 불타올랐다. 귀뚜라미는 장난을 치면서
수도사처럼 내가 죽으리라 예언했다.
나는 내 운명을 안장에 매달았다.
그리고 지금도, 미래에도
마치 소년처럼 등자에 발을 올려 서서히 일어서리라.

내 피가 이 시대에서 저 시대로 흐르도록 하는
나의 불멸에, 나는 행복하다.
하지만 삶의 바늘이
실로써 나를 여러 세상으로 이끌지 않는다면
항상 따뜻한 보금자리를 위해
나는 기꺼이 내 생명을 바치리라.

-1965

МЩЕНИЕ АХИЛЛА

Фиолетовой от зноя,
Остывающей рукой
Рану смертную потрогал
Умирающий Патрокл,

И последнее, что слышал,—
Запредельный вой тетив,
И последнее, что видел,—
Пальцы склеивает кровь.

Мертв лежит он в чистом поле,
И Ахилл не пьет, не ест,
И пока ломает руки,
Щит кует ему Гефест.

Равнодушно пьют герои
Хмель времен и хмель могил,
Мчит вокруг горящей Трои
Тело Гектора Ахилл.

Пожалел Ахилл Приама,

아킬레스의 복수

폭염에 식어가는
보랏빛 손으로
죽어가는 파트로클루스는
죽음의 상처를 어루만졌다.

그가 들은 마지막은
활시위의 난폭한 울음,
그리고 그가 본 마지막은
손가락을 뒤덮는 피.

그는 죽은 채 깨끗한 들판에 누워있다.
아킬레스는 먹지도 마시지도 않으며
한참을 괴로워한다.
헤파이스토스는 그에게 방패를 지어준다.

영웅들은 무감각하게
시간의 술을, 무덤의 술을 마시고,
아킬레스는 불타는 트로이의 주변을
헥토르의 시체를 끌고 달린다.

아킬레스는 프리아모스를 동정했고

И несет старик Приам
Мимо дома, мимо храма
Жертву мстительным богам.

Не Ахилл разрушит Трою,
И его лучистый щит
Справедливою рукою
Новый мститель сокрушит.

И еще на город ляжет
Семь пластов сухой земли,
И стоит Ахилл по плечи
В щебне, прахе и золе.

Так не дай пролить мне крови,
Чистой, грешной, дорогой,
Чтобы клейкой красной глины
В смертный час не мять рукой.

-1965

프리아모스 노인은
집을 지나, 사원을 지나
복수심이 강한 신들에게 제물을 바친다.

트로이를 멸망시키는 자는 아킬레스가 아니다.
새로운 복수자가
그의 빛나는 방패를
정의의 손으로 파멸시키리라.

아직 마른 땅의 일곱 개 층을
도시에 눕히리라.
돌, 유골, 재 속에
아킬레스의 어깨까지 묻혀 있다.

순수한, 죄 많은, 고귀한
피를 내게 붓지 말길.
죽음의 순간에 끈적거리는 붉은 점토를
손으로 짓누르지 않도록.

-1965

* * *

Мамка птичья и стрекозья,
Помутнела синева,
Душным воздухом предгрозья
Дышит жухлая трава.

По деревне ходит Каин,
Стекла бьет и на расчет,
Как работника хозяин,
Брата младшего зовет.

Духоту сшибает холод,
По пшенице пляшет град.
Видно, мир и вправду молод,
Авель вправду виноват.

Я гляжу из-под ладони
На тебя, судьба моя,
Не готовый к обороне,
Будто в Книге Бытия.

-1967

* * *

새와 잠자리의 어머니,
파란 색 하늘은 흐려져 갔고,
소나기 직전 무더운 공기로
불투명한 풀들이 숨을 쉰다.

마을에서 카인이 거닌다.
유리를 부수고는
주인이 하인을 부르듯
일부러 동생을 부른다.

추위가 무더위를 뒤따르고,
우박이 밀밭에서 춤을 춘다.
세상은 참으로 어설프고,
아벨은 참으로 죄인인 것 같다.

나는 손바닥 아래에서
너를 본다, 나의 운명이여,
나는 아직 방어 태세를 갖추지 못했다.
창세기 속에서처럼.

-1967

* * *

Живешь, как по лесу идешь,
Лицом угодишь в паутину –
Тонка и легка невтерпеж,
Сорвал бы с лица, как личину,
Да сразу ее не сорвешь.

Как будто разумная злоба
Готовила пряжу свою,
И чуждое нам до озноба
Есть в этом воздушном клею:

На щеки налипла обида,
Оболган, стоишь на краю;
Теперь улыбнись хоть для вида,
Хоть слово промолви со зла, -
Куда там! Слезами не выдай,
Что губы обида свела.

-1969

✳ ✳ ✳

산다는 것은 숲 속을 거니는 것과 같다.
생각지도 않은
매우 가늘고, 부드러운 거미줄이
얼굴로 덮쳐 올 때,
가면을 벗듯
그것을 떼어내고 싶겠지만
쉽게 떼어낼 수는 없으리라.

마치 사악한 이성이
실을 잣아 놓은 듯,
대기 중에 부유하는 아교 속에는
차갑도록 낯선 것이 있다.

분노가 뺨에 달라 붙고,
비난 당하고, 궁지에 서게 되겠지.
하지만 이제
겉으로라도 미소를 지으라.
악의에 찬 한마디라도 내뱉으라 - 그까짓 것!
입술을 악물었던 그 순간을
눈물로 내보이지 말자.

-1969

Зима в лесу

Свободы нет в природе,
Ее соблазн исчез,
Не надо на свободе
Смущать ноябрьский лес.

Застыли в смертном сраме
Над собственной листвой
Осины вверх ногами
И в землю головой.

В рубахе погорельца
Идет Мороз-кащей,
Прищелкивая тельца
Опавших желудей.

А дуб в кафтане рваном
Стоит, на смерть готов,
Как перед Иоанном
Боярин Колычев.

Прощай, великолепье

숲 속의 겨울

자연에 자유란 없다,
자유의 유혹은 사라졌다.
11월의 숲을
자유로 혼란스럽게 해서는 안된다.

치명적인 치욕 속에서
자신의 잎사귀 위로
사시나무는 발이 굳어졌고,
땅에서는 머리가 굳어졌다.

추위 귀신이
다 떨어진 옷을 입고 온다.
떨어진 참나무 열매의 몸을
톡 건드리면서.

찢어진 옷을 입은 참나무는
죽음을 준비한 채 서 있다.
마치 이반 뇌제 앞의
귀족 꼴르이쵸프처럼.

안녕히, 적자색 외투의

Багряного плаща!
Кленовое отрепье
Слетело, трепеща,

В кувшине кислорода
Истлело на весу...
Какая там свобода,
Когда зима в лесу.

-1973

위대함이여!
단풍 누더기는
떨면서 날아갔다.

산소 항아리 속에서
허공에 떠 재로 타버렸다...
숲 속에 겨울이 오면
거기 어떤 자유가 있겠는가.

-1973

* * *

Я тень из тех теней, которые, однажды
Испив земной воды, не утолили жажды
И возвращаются на свой тернистый путь,
Смущая сны живых, живой воды глотнуть.

Как первая ладья из чрева океана,
Как жертвенный кувшин выходит из кургана,
Так я по лестнице взойду на ту ступень,
Где будет ждать меня твоя живая тень.

- А если это ложь, а если это сказка,
И если не лицо, а гипсовая маска
Глядит из-под земли на каждого из нас
Камнями жесткими своих бесслезных глаз...

-1974

* * *

나는 그림자 중의 그림자.
어느 날 지상의 물을 마신 후
갈증을 해소하지 못하고,
살아 있는 물을 들이키기 위해
살아 있는 꿈을 어지럽히다가
자신의 돌담길로 돌아가야 할
그림자 중의 그림자.

나는 대양의 배 중 첫 번째 돛단배,
희생의 항아리가 무덤에서 나온 것처럼
나는 그렇게 계단을 따라
너의 살아 있는 그림자가 나를 기다릴
그 곳으로 간다.

이것이 거짓이라면, 이것이 동화라면,
만일 얼굴이 아닌 굳어버린 가면이
땅 속에서 자신의 메마른 눈의
거친 돌덩이로 우리 모두를 쳐다본다면...

-1974

* * *

И это снилось мне, и это снится мне,
И это мне еще когда-нибудь приснится,
И повторится все, и все довоплотится,
И вам приснится все, что видел я во сне.

Там, в стороне от нас, от мира в стороне
Волна идет вослед волне о берег биться,
А на волне звезда, и человек, и птица,
И явь, и сны, и смерть - волна вослед волне.

Не надо мне числа: я был, и есть, и буду,
Жизнь - чудо из чудес, и на колени чуду
Один, как сирота, я сам себя кладу,
Один, среди зеркал - в ограде отражений
Морей и городов, лучащихся в чаду.
И мать в слезах берет ребенка на колени.

-1974

* * *

이것을 꿈에서 보았다, 이것을 꿈에서 본다,
이것을 언젠가 또 다시 꿈에서 보리라,
모든 것은 반복되리라, 모든 것은 실현되리라,
내가 꿈에서 보았던 모든 것이 당신 꿈에도 나타나리라.

우리의 반대편, 세상의 반대편, 그 곳에는
파도가 파도를 뒤따르며 해변가에 부서진다.
파도에는 별이, 인간이, 새가,
현실이, 꿈이, 죽음이 있고, 파도는 파도를 뒤따른다.

내게 숫자는 필요 없다.
나는 존재했고, 존재하며, 영원히 존재할 것이므로.
삶이야말로 기적 중의 기적이다.
나는 홀로 무릎을 꿇고 기적에 나 자신을 바친다.
도취될 정도로 빛나는 바다와 도시들, 그것을 반영하는
거울들 사이에서
나는 홀로 나 자신을 바친다.
그리고 눈물 흘리는 어머니는 아기를 무릎에 올려놓으신다.

-1974

* * *

В пятнах света, в путанице линий
Я себя нашел, как брата брат:
Шмель пирует в самой сердцевине
Розы четырех координат.

Я не знаю, кто я и откуда,
Где зачат – в аду или в раю,
Знаю только, что за это чудо
Я свое бессмертье отдаю.

Ничего не помнит об отчизне,
Лепестки вселенной вороша,
Пятая координата жизни –
Самосознающая душа.

-1975

* * *

빛의 얼룩 속에서, 선線의 분규 속에서
나는 형제가 형제를 찾듯 나 자신을 찾았다.
땅벌은 장미의 네 꽃잎 좌표
그 중심에서 축제를 연다.

나는 알지 못한다, 내가 누구이며 어디에서 왔는지
어디에서 잉태되었는지 - 지옥에서인지 천국에서인지.
내가 알고 있는 것은 오직
이러한 기적에 대해 자신의 불멸로 되갚으리라는 것.

삶의 다섯 번째 좌표
내 존재의 영혼은
우주의 꽃잎을 흩날리며
모국에 대해서라면 아무것도 기억하지 못한다.

-1975

ПОСРЕДИНЕ МИРА

Я человек, я посредине мира,
За мною мириады инфузорий,
Передо мною мириады звезд.
Я между ними лег во весь свой рост -
Два берега связующее море,
Два космоса соединивший мост.

Я Нестор, летописец мезозоя,
Времен грядущих я Иеремия.
Держа в руках часы и календарь,
Я в будущее втяну, как Россия,
И прошлое кляну, как нищий царь.

Я больше мертвецов о смерти знаю,
Я из живого самое живое.
И - боже мой! - какой-то мотылек,
Как девочка, смеется надо мною,
Как золотого шелка лоскуток.

세상 한가운데에

나는 인간, 나는 세상 한가운데에 있다.
내 뒤에는 무수한 미생물들,
내 앞에는 무수한 별들.
나는 그들 사이에 크게 누웠다.
두 해변을 잇는 바다가 된다,
두 우주를 잇는 다리가 된다.

나는 네스또르, 고대의 연대기 작가.
나는 미래의 예언자 예레미야.
손에 시계와 달력을 붙잡은 채
러시아처럼 과거를 미래로 밀어넣고
가난한 황제처럼 과거를 저주하리.

나는 죽음에 대해서라면
죽은 자보다도 더 많이 안다.
나는 살아 있는 것 중 가장 살아 있는 것.
세상에! 어린 계집아이 같은
나비가 내 위에서 미소를 짓는구나,
황금빛 비단 조각 같은 나비가.

－연도 미상

내게 물을 다오, 단 한 방울이라도...

Дай мне воды, хоть глоток

아르세니 따르꼽스께는 어린 시절에 1차 대전을 겪고, 장년 시절에 2차 대전에 참전하는 등, 그에게 있어서 전쟁이란 불가피한 삶의 일부가 되었다. 그의 시에는 전쟁의 참혹함과 더불어 전쟁과 대비된 평화의 공간이 두드러지게 그려진다. 그의 전쟁에 관한 많은 시상들은 아들의 영화 〈이반의 어린 시절〉에서 더욱 시적으로 승화되고 있다. 특히 아르세니의 시 〈이반의 버드나무〉는 영화 〈이반의 어린 시절〉에 직접적 모티브를 제공하고 있다.

* * *

Мне стыдно руки жать льстецам,
Лжецам, ворам и подлецам,
Прощаясь, улыбаться им
И их любовницам дрянным,
В глаза бескровные смотреть
И слышать, как взывает медь,
Как нарастает за окном
Далекий марш, военный гром
И штык проходит за штыком.

Уйдем отсюда навсегда.
Там - тишина, и поезда,
Мосты, и башны, и трава,
И глаз дневная синева.
Река – и эхо гулких гор,
И пуля звонкая в упор.

-1938

* * *

아첨꾼, 협잡꾼, 도둑,
비열한과 악수한 것이 부끄럽다.
떠나면서 그들과
그들의 쓰레기 같은 정부情婦에게 미소 지은 것이,
핏기 없는 눈眼에 비친 것을 쳐다본 것이,
나팔이 어떻게 울리는지 듣는 것이,
창문 너머로 먼 행진 소리와
전쟁의 뇌성이 어떻게 커가는지 듣는 것이,
총검에 총검이 어떻게 뒤따르는지 듣는 것이 부끄럽다.

우리는 영원히 여기를 떠날 것이다.
그곳에는 고요와 기차와
다리와 탑과 풀과
그리고 눈에 비치는 하루하루의 푸르름이 있겠지.
강, 그리고 산에 울려 퍼지는 메아리,
총알이 나를 관통한다.

-1938

* * *

Когда тебе скажут, что ты не любила, - не верь,
Скажи им:
                - Он скоро придет,
Он любит меня, он, должно быть, в трамвае теперь,
Он, верно, стучит у ворот.

А я в ленинградской больнице лежу – и от слез
Писать не могу, потому
Что письма твои санитар мне сегодня принес
И трудно мне быть одному.

Когда тебе скажут:
                - Что было – сгорело дотла,
Забудь же и думать о нем. –
Подругам ответь:
              - Я недаром правдивой слыла:
Теперь он стоит за окном.

А я за окно не смотрю. Что мне делать в беде?
Вернуться к тебе? Никогда.
Напиться хочу – и глаза твои вижу в воде.
Горька в Ленинграде вода.

-1939

* * *

사람들이 네가 사랑하지 않았다고 말하거든- 믿지마,
그들에게 말해:
    - 그는 곧 올거라고.
그는 나를 사랑한다고, 그는 지금 뜨람바이 타고 있다고.
그가 곧 문을 두드릴 거라고.

하지만 나는 레닌그라드 병원에 누워 있다. 그리고 눈물이
흘러 편지를 쓸 수가 없다.
오늘 간호원이 네 편지를 내게 가져다 주었고
혼자인 나는 견디기 힘들다.

사람들이 네게 이렇게 말하거든:
    - 존재했던 것은 모조리 타버렸고,
그를 생각하는 것조차 잊어버리라고,
친구들에게 대답해:
    - 나는 확실하게 말할 수 있다고.
이제 그는 창밖에 와 있다고.

나는 창밖을 보지 않는다. 불행 속에서 무얼 할 수 있을까?
네게 돌아갈 수 있을까? 불가능하다.
물이라도 마시고 싶다. - 물잔에 비친 네 눈을 본다.
레닌그라드에서의 물은 쓰디 쓰다.

            -1939

* * *

Немецкий автоматчик подстрелит на дороге,
Осколком ли фугаски перешибут мне ноги,

В живот ли пулю влепит эсесовец-мальчишка,
Но все равно мне будет на этом фронте крышка.

И буду я разутый, без имени и славы
Замерзшими глазами смотреть на снег кровавый.

-1942

* * *

독일 군사가 길에서 내게 총을 쏘게 될지,
지뢰의 파편으로 내 다리가 절단되게 될지,

어린 파시스트의 총탄이 내 배를 쏘아 맞추게 될지
전장에 있는 내게 죽음을 피할 수 없기는 마찬가지다.

나는 이름도, 명예도 없이 맨발로
얼어붙은 눈眼으로 피로 물든 눈雪을 바라보겠지.

-1942

* * *

Если б ты написала сегодня письмо,
До меня бы оно долетело само,

Пусть без марок, с помарками, пусть в штемпелях,
Без приписок и запаха роз на полях,

Пусть без адреса, пусть без признаний твоих,
Мимо всех почтальонов и почт полевых,

Пусть в землянку сквозь землю, сюда, - все равно
До меня бы само долетело оно.

Напиши мне хоть строчку одну, хоть одну
Птичью строчку из гласных сюда, на войну.

Что письмо! Хорошо, пусть не будет письма,
Ты меня и без писем сводила с ума,

Стань на Запад лицом, через горы твои,
Через сини моря: иоа аои.

* * *

만일 당신이 오늘 편지를 쓴다면,
그 편지는 바로 내게로 오리라.

손때는 묻었으나 우표가 없다 할지라도,
추신이나 들판의 장미꽃 향기는 없이 소인만 찍혔다 할지라도,

주소가 없다 할지라도, 당신의 고백이 없다 할지라도
모든 우체부와 들판의 전시 우체국을 지나

땅 속 여기 참호로 오게 하라.
내게로 도착하기만 한다면 모든 것은 상관없다.

모음만으로 된, 단 한 줄이라도 내게
단 한 줄의 말이라도 여기 전쟁터로 보내다오.

편지! 좋아, 편지는 없어도 돼.
편지가 없어도 당신은 나의 영혼을 사로잡았으니까.

당신의 산을 지나 푸른 바다를 지나
서쪽으로 향해 서 다오: 이오아 아오이

Хоть мгновенье одно без пространств и времен,
Только крылья мелькнут сквозь запутанный сон,

И, взлетая, дыханье на миг затаи –
Через горы-моря: иоа аои!

-1942

시간도 공간도 없는 단 한 순간이라도
이 어지러운 꿈을 통해 날개를 퍼덕일 수만 있다면

산과 바다를 지나 날아오르면서
순간의 긴 호흡을 마음 속에 간직하리: 이오아 아오이!

-1942

* * *

На полоски несжатого хлеба
Золотые ладьи низошли.
Как ты близко, закатное небо,
От моей опаленной земли!

Каждый парус твой розов и тонок,
Отвори нам степные пути,
Помоги от горячих воронок
До прохлады твоей добрести.

-1943

* * *

추수하지 않은 논밭 위로
금빛 돛단배가 내려앉았다.
노을진 하늘이여, 너는
내 타버린 땅에서 멀지 않은 곳에 있구나!

네 돛은 붉고, 섬세하도다.
초원의 길을 우리에게 열어다오.
불타는 폭격지로부터
네 시원한 창공에 다다를 수 있도록.

-1943

* * *

Не стой тут,
Убьют!
Воздух! Ложись!
Проклятая жизнь!
Милая жизнь,
Странная, смутная жизнь,
Дикая жизнь!
Травы мои коленчатые,
Мои луговые бабочки,
Небо все в облаках, городах, лагунах и парусных
                                                    лодках.

Дай мне еще подышать,
Дай мне побыть в этой жизни, безумной и жадной,
Хмельному от водки,
С пистолетом в руках
Ждать танков немецких,
Дай мне побыть хоть в этом окопе...

-1943

* * *

여기 서지마,
그들이 죽일거야!
위험해! 엎드려!
저주스런 삶,
사랑스런 삶,
불가사이하고, 혼란스런 삶,
조야한 삶이여!
들풀들이여,
내 초원의 나비들이여,
구름, 도시, 호수, 돛단배 사이에 있는 모든 하늘이여.

내게 숨 쉬게 해다오. 나를 이 삶,
어리석고 탐욕스런 이 삶 속에 좀 더 머무르게 해다오.
보드까로 만취한 채
손에 권총을 들고
독일군 탱크를 기다리는
내게 참호 속에 좀 더 머무르게 해다오.

-1943

НОЧНОЙ ЗВОНОК

Зачем заковываешь на ночь
По-каторжному дверь свою?
Пока ты спишь, Иван Иваныч,
Я у парадного стою.

В резину черную обута,
Ко мне идет убийца-ночь,
И я звоню, ищу приюта,
А ты не хочешь мне помочь.

Закладываешь уши ватой
И слышишь смутый звон сквозь сон.
Пускай, мол, шебуршит, проклятый,
Подумаешь — глагол времен!

Не веришь в ад, не ищешь рая,
А раз их нет — какой в них прок?
Что скажешь, если запятнаю
Своею кровью твой порог?

Как в полдевятого на службу

밤의 벨소리

왜 당신은 밤마다
당신의 문에 감옥처럼 족쇄를 채우고 있소?
당신이 잠자고 있는 동안, 이반 이바느이치,
나는 행진 대열에 서 있소.

검은 색 고무신발을 신은 채
살인의 밤이 내게로 오고 있소.
난 벨을 누르며, 은신처를 찾고 있지만,
당신은 내게 도움주길 원치 않지.

당신은 솜으로 귀를 틀어막고
잠을 관통하는 혼미한 벨소리를 들으며 말하겠지.
망할 인간!
시간의 예언자라도 된다고 생각하는가!

당신은 지옥을 믿지도 않고, 천국을 찾지도 않지.
그런 것이 없는데, 그곳에서 무엇을 얻을 수 있겠소?
내가 당신의 문지방을 피로 물들인다면
무어라 말하겠소?

천 루블의 월급 때문에

За тысячей своих рублей,
Предав гражданство, братство, дружбу,
Пойдешь по улице своей?

Она от крови почернела,
Крестом помечен каждый дом.
Скажи: «А вам какое дело?
Я крепкий сон добыл горбом».

-1946

조국, 형제, 우정을 등지고
아침에 사무실을 향해
거리로 나가겠소?

거리는 피로 검게 물들고,
집집마다에는 죽음의 표식이 있소.
말해보시오: <당신과 무슨 상관입니까?
내가 내 힘으로 깊은 잠을 얻었다는데.>

-1946

ИВАНОВА ИВА

Иван до войны проходил у ручья,
Где выросла ива неведома чья.

Не знала, зачем на ручей налегла,
А это Нванова ива была.

В своей плащ-палатке, убитый в бою,
Иван возвратился под иву свою.

Иванова ива,
Иванова ива,
Как белая лодка, плывет по ручью.

-1958

이반의 버드나무

전쟁이 있기까지
이반은 개울가에서 지냈네,
주인을 모르는 버드나무가 자라난 곳.

개울 위로 가지를 뻗은
이유는 알지 못했지만,
이것은 이반의 버드나무.

군복을 입은 채,
전쟁에서 죽은 이반은
자신의 버드나무 아래로 돌아왔네.

이반의 버드나무,
이반의 버드나무,
흰 쪽배처럼 개울가를 떠다니리.

-1958

* * *

Тогда еще не воевали с Германией,
Тринадцатый год был еще в середине,
Неведеньем в доме болели, как манией,
Как жаждой три пальмы в песчаной пустыне.

У матери пахло спиртовкой, фиалкою,
Лиловой накидкой в шкафу, на распялке;
Все детство мое, по-блаженному жалкое,
В горящей спиртовке и пармской фиалке.

Зато у отца, как в Сибири у ссыльного,
Был плед Гарибальди и Герцен под локтем.
Ванилью тянуло от города пыльного,
От пригорода — конским потом и дегтем.

Казалось, что этого дома хозяева
Навечно в своей довоенной Европе,
Что не было, нет и не будет Сараева,
И где они, эти мазурские топи?..

-1966

＊ ＊ ＊

그때는 아직 독일과 전쟁하지 않았던
1913년의 중반.
모래사막의 세 그루 야자수가 갈증으로 병들듯이
집에서 가족들은 무지함으로 병들었다.

어머니의 옷장에서, 십자가에서
알콜 램프, 제비꽃, 연보랏빛 망토 냄새.
타오르는 램프, 이탈리아 제비꽃 속
내 어린 시절은 행복하고도 가엾다.

아버지에게는, 시베리아 유형수처럼
팔꿈치 아래엔 가리발디의 이불, 게르쩬의 책.
먼지 자욱한 도시에서는 바닐라 냄새
교외에서는 말의 땀 냄새, 송진 냄새.

이 집의 주인은 아마도
전쟁 전 유럽에 영원히 있었는가 보다.
사라예보가 없었고, 없으며, 없을 것이라고 생각하는가 보다.
그들은, 이 마주르 저수지는 어디에 있는가?...

-1966

1914

Я в детстве боялся растений:
Листва их кричала мне в уши,
Сквозь окна входили, как тени,
Их недружелюбные души.
Бывает, они уже в мае
Свой шабаш справляют. В июле —
Кто стебли, кто ветви ломая —
Пошли, будто спирту хлебнули:
Акация — хмель — медуница —
Медвежье ушко — клещевина —
Мать-мачеха — ясень — кислица
Осина — крушина — калина...
Одни — как цыганские плечи,
Со свистом казачьим — другие.
Гроза им бенгальские свечи
Расшвыривала по России.
Таким было только начало.
Запутавшись в гибельном споре,
То лето судьба увенчала
Венцом всенародного горя.

-1976

1914

어린 시절 나는 나무들이 무서웠다.
그 잎사귀들은 내 귓가에서 소리쳤고,
적의를 품은 그 영혼들이
창문을 통과해 그림자처럼 들어왔다.
오월이 되면 그들은 자신들의 파티를
열곤 했지. 칠월에는
마치 술에 취한 듯이
꽃대와 가지를 꺾으며 왔지.
아카시아, 자초나무,
곰귀나무, 아주까리,
계모나무, 물푸레나무, 괭이밥나무,
사시나무, 털갈매나무, 까마귀밥나무…
어떤 것은 집시들의 어깨 같았고
어떤 것은 까자끄인들의 휘파람 소리를 냈다.
뇌우는 러시아에 있는 나무들에게
벵갈의 양초를 흩뿌렸다.
이렇게 시작되었다.
파멸의 퇴적 속에서 길을 잃은 채
그렇게 운명은 여름에게
전세계적 슬픔의 면류관을 씌웠다.

-1976

◉ 역자 주

〈어제 나는 아침부터...〉
시인의 아들 안드레이 따르꼽스끼 감독의 영화 〈거울〉에 삽입된 네 편의 시 중 하나로서 영화 속에서 시인 자신이 이 시를 낭송했다. 이 시에서 각 연에 대치되는 날씨는 서정적 자아의 심경을 투사하고, 특히 비는 악화된 두 사람의 관계를 예표한다. 즉 이 시는 피할 수 없는 남녀 관계의 본질을 정의하는 시인의 개인적 시이다.

이그나찌예보 숲
영화 〈거울〉의 첫 장면을 연상시키는 작품. '이그나찌예보'는 실제 따르꼽스끼 감독이 유년시절을 보낸 지역의 지명이다.

첫 만남
영화 〈거울〉에 삽입된 네 편의 시 중 하나로서 영화 속에서 시인 자신이 이 시를 낭송했다. 이 시는 시인의 시 중 철학적 연애시의 최고봉으로 일컬어진다. 영화의 첫 장면에 삽입되고 있으며, 시 속의 여인은 시인의 첫사랑이었던 마리야 팔쯔로 알려져 있다.

〈내 어린 시절에...〉
안드레이 따르꼽스끼 감독은 이 시를 영화의 미학적 목적을 완성하는 한 편의 단편 영화로 만들고자 하였고, 시를 아버지 자신이 낭송해 주길 바랬다. 그러나 단편 영화 제작은 실현되지 못하였고 결국 이 시는 영화 〈향수〉에 삽입되었다. 아버지의 이 시에 대한 그의 애착은 그의 일기에서도 찾아 볼 수 있다. 그는 1971년 10월 23일 일기에 다음과 같이 적고 있다;"지난번 〈루블료프〉 작업 때 해내지 못했던 '꿀리꼬보 들판의 아침' 장면을 찍어야겠다는 구상이 떠올랐다... 아버지의 시 〈내 어린 시절에...〉를 써먹으면 어떨까. 이 장면을 숲 가에 서 있는 천사의 모습으로 마무리 지을 수 있을 것이다..."

배우
이 시는 〈닥터 지바고〉에 실린 빠스쩨르나끄의 시 〈햄릿〉의 답시로 알려져 있다.

시인
　　제사는 뿌쉬낀의 시 중 일부이다. 고시즈다뜨는 국립 출판사를 지칭하며, 이에 반해 반체제 지하 출판은 사미즈다뜨, 국외 출판은 따미즈다뜨로 불려진다.

〈여름은 다 갔구나...〉
　　영화 〈잠입자〉에 삽입된 시, 소비에트 시대에 살아 남은 시인으로서의 회한을 담은 시.

〈눈이 어둡다...〉
　　안드레이 따르꼽스끼의 영화 〈향수〉에 삽입된 시. 특히 시적 화자가 자신을 양초에 비유함은 영화 속의 희생의 이미지와 직접적인 관계를 맺고 있다. 또한 그것은 예술의 운명과도 긴밀히 연결된다.

에우리디케
　　영화 〈거울〉에 삽입된 마지막 시. 이 시를 통해 안드레이 따르꼬프스끼는 아버지의 특별한 이미지와 난해한 구문을 스크린에 옮기는 대신 몸 속에 감금된 영혼에 대한 사상을 공유한다.

삶, 삶
　　영화 〈거울〉에 삽입된 아르세니 따르꼽스끼의 네 편의 시 중 세 번째 시. 이 시는 시인의 역사관, 시간과 불멸에 대한 생각, 가족에 대한 믿음, 예술가의 면모 등이 담겨 있다.

세상 한가운데에
　　뱌체슬라프 아미르하난 감독의 영화 〈세상 한가운데에〉에 삽입된 시. 이 영화는 안드레이 따르꼽스끼의 스타일로 제작된 그의 아버지에 관한 다큐멘터리 영화로서 안드레이 따르꼽스끼 감독의 뮤즈였던 마르가리따 쩨레호바가 출연하였다.

◉ 역자 후기

아버지와 아들, 시인과 감독의 예술적 대화

아르세니 따르꼽스끼 Арсений Александрович Тарковский(1907.06. 25~1989.05.27)는 20세기의 위대한 시인임에도 불구하고, 안타깝게도 빠스쩨르나끄, 아흐마또바 등 동시대 시인들에 의해 빛이 가리워진 시인이다. 하지만 그의 시는 현재에 이르기까지 많은 러시아인에게 사랑받고 있으며, 특히 세계적으로 널리 알려진 감독인 아들 안드레이 따르꼽스끼 Андрей Арсеньевич Тарковский(1932.04.04~1986.12.28)와 더불어 많은 관심을 받고 있다. 안드레이 따르꼽스끼는 아버지의 시세계에 끊임없는 존경을 표현하였고, 아버지를 러시아 최고의 시인으로 명명하기에 주저하지 않았다. 그는 아버지의 많은 시적 이미지를 차용하였고, 아버지의 시를 자신의 작품 속에 삽입함으로써 아버지에 대한 존경을 드러냈다. 그가 영상 시인으로, 그의 영화가 시적 영화로 불리게 된 것은 아버지의 영향 아래에 있다고 분명히 말할 수 있을 것이다.

필자가 아르세니 따르꼽스끼에 관심을 가지게 된 것은 십 수년 전 안드레이 따르꼽스끼의 영화에 매료되기 시작하면서부터였다. 하지만 읽으면 읽을수록 안드레이의 영화만큼이나 아르세니의 시는 난해하고도 아름답다. 아르세니의 시와 안드레이의 영화는 많이 닮아있다. 그렇기에 아버지의 시는 아들의 영화가 지닌 수많은 알레고리를 푸는 열쇠가 되기도 한다. 서로를 존경하고 사랑했던 아버지와 아들, 시인과 감독은 자신들의 작품을 통하여 수없이 대화를 시도한다. 이러한 두 장르 간의 아름다운 예술적 대화를 시와 영화를 사랑하는 많은 독자에게 보여주고자 이 시집을 번역하게 되었다.

  이 번역 원고는 1998년에 번역되어 출판을 앞두고 사장되었던 안타까웠던 원고이다. 많은 시간이 흘렀지만 세상에 빛을 볼 수 있게 된 것을 감사히 생각한다. 그 당시 작품의 선별과 번역을 도와주었던 친구 올가 페도렌꼬에게 뒤늦은 감사를 전한다. 또한 오래된 원고를 들추어 재작업을 할 때 많은 조언과 도움을 주신 따찌야나 남 선생님께 감사드린다.

2011년 1월 김선명

● 시인 연보

아르세니 알렉산드로비치 따르꼽스끼
Арсений Александрович Тарковский

1907년 - 6월 12일 우끄라이나 헤르손 엘리사벳그라드 출생
7월 25일 구세주변용 교회에서 세례 받음

1913년 - 발몬뜨, 세베랴닌, 솔로굽 등 시인 모임에 아버지와 함께 참석, 우끄라이나의 철학자 그리고리 스꼬보로다의 시를 접하게 됨.

1914년 - 1차세계대전에서 베라 까를로브나 고모의 남편인 블라지미르 드미뜨리예비치 대령, 즉 볼로쟈 아저씨가 마주르 늪지 전투에서 전사.

1916년 - 멜레찌 까르뽀비치 끄르이좌놉스끼 사립학교 예비과정 입학.

1917년 - 상기 학교 1학년에 입학

1919년 - 마루시까 니끼포로바 두목의 포로가 됨.
5월 그리고리예프 두목의 연대와 싸우다가 큰형인 발레리가 사망함.

1922년 - 제11번 엘리사벳그라드 노동 학교를 마치고 제1번 지노비예프 전문기술학교에 입학

1924년 - 12월 26일 아버지의 죽음.

1925년 - 6월 말 학업을 위해 모스끄바로 이주. 책 판매자로 일함. 전 시인협회 부설 고등국립문학원에 입학. 시인이자 시 이론가인 그리고리 알렉산드로비치 셴겔리, 마리야 뻬뜨로브이, 율리 네이만, 다닐 안드레예프와 친교.

1926년 - 시인이자 산문가인 솔로굽의 초청으로 레닌그라드로 감.

1927년 - 시선집 <두 개의 노을>에 시 <양초>가 실림.
20년대 말 - 신문 <경적>에서 시 칼럼과 에세이 등을 씀.

1928년 - 2월 동급생인 마리야 이바노브나 비쉬냐꼬바와 결혼.

1929년 - 고등국립문학원 폐교

1931년 - 전소비에트 라디오에서 근무. 니쥐니 노브고로드 근교 유리 공장에 출장. 라디오극 <유리> 집필.
시인 류릭 이브네프의 아파트에서 젊은 시인들 따르꼽스끼, 베렌드고프, 쉬떼인베르그가 오십 만델쉬땀에게 자신의 시를 읽어줌.

1932년 - 1월 3일 라디오극 <유리>가 전소비에트 라디오를 통해 방송됨. 그 저자는 '신비주의'라는 이유로 비판당함.
4월 4일 아들 안드레이 출생.

1933년 - 당시 소비에트 연방 문학 출판분과에 근무했던 셴겔리는 민족시 번역 관련 업무로 젊은 시인들 따르꼽스끼, 뻬뜨로브이, 리쁘낀, 쉬떼인베르그를 부름.

1934년 - 최초의 번역시집 출간.
북오세티야에 있는 오르드조니끼제로 창작 여행.
10월 3일 딸 마리나 출생.

1936년 - 안또니나 알렉산드로브나 보호노바(1905-1951)와 만남.

1937년 - 집을 떠남. 보호노바와 가정을 꾸림.

1938년 - 시인 께미네의 시 번역을 위해 뚜르끄메니야로 여행.

1939년 - 봄 - 뜨빌리시로 여행
여름 - 체첸-잉구쎄찌야에 살면서 민족 시인들의 번역작업.
가을 - 출판 일로 레닌그라드 출장. 블록의 아내인 멘델레예바의 장례식에 참석.

1940년 - 소연방 작가 연합에 가입.

마리나 쯔베따예바와 친교.

1941년 - 6월 22일 2차대전 발발.
여름 - 모스끄바 작가들과 함께 출전 준비.
10월 16일 - 어머니 마리야 다닐로브나 따르꼽스까야와 함께 보호노바가 딸 옐레나 뜨레니나와 함께 살고 있는 따따르 공화국의 치스또뽈로 이주.
10월~11월 연작 <치스또뽈의 노트> 집필. 전방 자원 입대를 원하는 편지를 보냄.

1942년 - 1월 3일 군 신문의 작가로서의 직무를 부여받음.
1942년 1월~1943년 11월 - 11대 붉은기치 군대 신문인 <전쟁 경보>의 특파원으로서 근무.

1943년 - 붉은 별 훈장 받음.
9월 말~10월 초 - 모스끄바로 휴가
11월 13일 - 비쩹스끄에서 심각한 부상
11월~12월 - 군병원에서 왼쪽 다리 절단을 위한 몇 차례에 걸친 수술.

1944년 - 1월 - 아내 보호노바는 따르꼽스끼를 모스끄바로 후송. 비쉬넵스끼 교수가 다시한번 절단 수술 집도. 그 결과 탈저를 막는데 성공.
어머니 마리야 다닐로브나 따르꼽스까야 사망.

1945년 - 그루지야 뜨빌리시에서 시인 치꼬바니, 아바쉬제, 여배우 나따 바스나제와 만남.
8월 아르메니야로 창작 여행. 여류시인 까뿌찌깐과 화가 사리얀과 만남.
출판사 <소비에트 작가>를 위해 시집 출간 준비. 끄니뽀비치의 부정적 견해(<따르꼽스끼의 시는 구밀료바, 아흐마또바, 호다세비치에게서 볼 수 있는 러시아 시의 검은 판테온과 관련된다.>)에도 불구하고 출판 허가를 받음.

1946년 - 셴겔리와 그의 아내인 여류시인 마누히나의 집에서 안나 아흐마또바와 친교를 맺게 됨.

1947년 - 오제르스까야와의 운명적 만남
아쉬하바드와 피루즈에서 번역일을 함.

1948년 - 아쉬하바드와 누꾸스에서 <40인의 아가씨>를 번역함.

1949년 - 소비에트 연방 공산당 중앙위에서 스딸린의 젊은 시절 시의 번역을 따르꼽스끼에게 맡김. 가을에 취소됨.
9월 뚜르끄메니스딴 여행

1950년 - 여름 - 라술 르자의 뽀에마 <레닌> 번역을 위해 아제르바이잔으로 출장
12월 - 보호노바와 이혼

1951년 - 1월 26일 오제르스까야와 결혼
3월 22일 보호노바 사망

1962년 - 첫 시집 <눈 내리기 전> 출간
8월 - 시인의 아들 안드레이 따르꼽스끼 감독이 베니스 국제 영화제에서 <이반의 어린시절>로 황금사자상 수상

1960년대 - 작가 연합 모스끄바 지부에서 시인 분과 운영

1966년 - 시집 <땅에는 지상의 것을>(<소비에트 작가> 출판사) 출간
3월 5일 아흐마또바 사망
3월 9일 까베린과 아흐마또바 시신을 레닌그라드로 운구
4월 소비에트 작가들과 프랑스 기행

1967년 - 소비에트 작가들과 영국 기행. 러시아 시 번역가 피터 노만과 만남.

1969년 - 시집 <전령> 출간(<소비에트 작가> 출판사)

1971년 - 뚜르끄메니스딴의 마흐뚬꿀리 국립상 수상

1974년 - 시집 <시> 출간(<예술문학> 출판사)

1977년 - 민족 우호 훈장 수상

1978년 - 시집 <마법의 산> 출간(뜨빌리시, <메라니> 출판사)

1979년 - 10월 5일 첫 번째 부인 마리야 비쉬냐꼬바 사망

1980년 - 시집 <겨울날> 출간(<소비에트 작가> 출판사)

1982년 - 시집 <선집> 출간(<예술문학> 출판사)

1983년 - 시집 <여러 해의 시> 출간(<동시대인> 출판사)

1986년 - 12월 29일 아들 안드레이 따르꼽스끼 감독 파리에서 사망

1987년 - 탄생 80주년과 관련하여 노동 붉은 기치 훈장 수상
    병으로 그의 생애에 걸쳐 출판된 시집들의 편찬 작업에 참여하지 못함.
    시집 <젊은 시절에서 노년까지>(<소비에트 작가> 출판사), <자기 자신이 되기>(소비에트 러시아> 출판사) 출간

1988년 - 11월 꾼쩨보에 있는 중앙병원에 입원

1989년 - 4월 시집 <아라가쯔 산 위의 별들>(예레반, <소베따깐 그로흐> 출판사)
    5월 27일 병원에서 타계
    6월 1일 뻬레젤끼노에 있는 국립묘지에 안장
    11월 시집 <젊은 시절에서 노년까지>에 대해 국립상 추서

마리나 따르꼽스까야 작성